超速で覚える！ いますぐ使える！

[決定版] 英会話「1日1パターン」レッスン

デイビッド・セイン

PHP研究所

本作品は、『英会話「1日1パターン」レッスン』（2011年刊、PHP文庫）
と『仕事に役立つ「1日1パターン」英会話』（2017年刊、PHP文庫）を
もとに再構成し、加筆・修正等の編集をしたものです。

まえがき

　日本で英語を教え始めてかれこれ30年以上になりますが、生徒さんから「英会話を上達させるには、どうすればいいですか？」という質問をよく受けます。

　私が英会話講師として大事にしていることは、英語は学問ではなく、あくまでも「コミュニケーションツールのひとつである」ということです。

　文法を理解したり、難しい単語を知ることももちろん英会話力アップにおいて決して無駄ではありませんが、コミュニケーション「ツール」は使ってこそ意味があるものです。

　使う方法はなんだってかまいません。ネットの時代ですから、ネイティブと直接話す以外にも、英語で何かを発信する、SNSで世界の人とやり取りするなど色々な方法があるはずです。

　ちょっと前までは英会話スクールや海外旅行に行かない限り、英語ネイティブと交流するチャンスはなかなかなく、英語をインプットしてもアウトプットのチャンスがあまりありませんでした。現在はネットの普及やインバウンドの盛り上がりなどで、アウトプットのチャンスは格段に増え、今は英語学習者にとってとても恵まれている環境が整っていると思います。

　誰かと会話をしようと思った時、言語を問わずなんといっても大切なのが「会話の引き出し」を増やすこと。ただ「何百、何千というフレーズをこれから覚えなくてはいけない」

と思うとげんなりしてしまい、それだけでやる気がそがれて
しまいますよね。やみくもにフレーズを覚えてもいざという
ときに出てこないものです。ですからフレーズを効率的に増
やすことがポイントとなってきます。

　そこで、超効率的にその引き出しを増やす方法をこの本を
通してみなさんにご紹介したいと思います。

　ここでまず、以下の３つの日本語を頭の中で英語にしてみ
てください（ここで英文が思い浮かばなくてもまったく問題
ありませんのでご安心を）。
　・メニューをください
　・魚料理でお願いします（機内食を選ぶとき）
　・割引してほしいのですが
　どんな英語が浮かびましたか？
　実はこの３つとも、「I'd like 〜」という同じひとつのパ
ターンを使って表現できます。フレーズの丸暗記では、ひと
つ覚えてもひとつのことしか話せるようになりませんが「I'd
like 〜」のような使い回しの効くパターンは、たったひとつ
覚えるだけで、何通りものことが一気に表現できるようにな
るのです。

　しかもみなさんは、すでに中学高校と英語を学んできて、
「日常会話で必要な基本パターン」はほとんどご存じかと思
います。ただ、それを適切な場面で、とっさに引っ張り出し
て使いこなせていないだけ。
　それはとてももったいない！　宝の持ち腐れなのです。
　反対に、短期間で英会話が上達する人は、「活用範囲の広

い基本パターン」を押さえてあらゆる場面で徹底的に使い回すことで、とても効率よく「会話の引き出し」を増やしています。

　本書は以下の３つのPartに分かれています。
PART 1「これだけはマスターしたい！絶対必須のパターン24」
PART 2「仕事がどんどんはかどる！大活躍のパターン20」
PART 3「なぜかコミュニケーションが楽しくなる！とっておきのパターン24」

　PART 1では、とにかくおさえておきたい必須のパターン24をご紹介しています。まずは日常会話でこれだけ知っておけば、なんとかなる！というパターンを集めました。どのパターンから覚えていけばいいのかわからない！という方はこの24パターンからおさえていきましょう。日常会話や旅行などで気軽に使えるフレーズがたくさん掲載されています。

　PART 2は、ビジネスの場面で特に使えるパターンになっています。ここ数年、Zoomなどの普及もあって、海外の人とも気軽に打ち合わせをできるようになりました。レッスンでも「仕事で突然、英語が必要になって……」「Zoomで来週国際会議がある」という生徒さんが増えてきています。
「日常会話の英語も満足にできないのに、ビジネス英語なんて……」と不安を漏らす方も多いのですが、私はいつも以下のことをお伝えしています。「ビジネス英語＝難しい」は思い込み、ということです。ビジネスで話す内容は日常会話よ

りも限られていますし、使われる表現のバリエーションも実はそれほど多くないのです。ですからパターンで覚える学習法がまさにピッタリ！とも言えます。

ビジネスシーンでよく使われる単語もたくさん取り上げているので、ビジネス単語力のアップにもつながります。そういった点で、TOEIC®テストの対策としても非常に有効な1冊です。

PART 3では、英語を使ってコミュケーションの幅が広げられるようなパターンをピックアップしました。自分の希望を伝えたり、相手のことを知ろうと質問をたくさんすると、相手と仲良くなりたいという気持ちが伝わり、距離もぐんと縮まるはずです。

会話はキャッチボール、まさにテンポ良く行ったり来たりすることで広がっていきます。パターンをとことん使いまわすことで自然にキャッチボールの回数が増えて会話は盛り上がります。このPARTのパターンを使って、会話を広げていきましょう。

また、日本では年々インバウンド需要が高まっていて、世界中の人々が日本の観光地に集まってきます。道やお店、駅などで外国人観光客に出会うことも、今後さらに増えていくでしょう。本書は巻末に付録として、インバウンドで使える鉄板フレーズを55フレーズ用意しました。

もちろん本書の中のパターンを使ったフレーズも含まれています。道で迷っている様子の人、飲食店などで困った様子の人がいたら、英語でぜひ声をかけてヘルプしてあげてくだ

さい。英語を使う絶好のチャンスでもありますので、積極的にコミュニケーションをとってみましょう。

　パターンの中のそれぞれのフレーズは、実際によく使われているネイティブフレーズを掲載しています。「ネイティブ」、と聞くとかまえてしまうかもしれませんが、ネイティブも日常シーンでは中学英語並みのごく簡単なパターンを使って会話をしています。英語のドラマを見ていても、字幕で見ると「あれ？こんな簡単なこと言ってるの？」と思ったことはありませんか？　パターンをあらかじめ知っておくことで、ヒアリング力も同時にアップします。

　また、英語に限ったことではありませんが、語学習得で大切なのはなんといっても「習慣づけ」、つまり毎日何かしら英語に触れ続けることです。

　そこで本書では、忙しい方でもスキマ時間を見つけて毎日続けられるように「1日1パターン」に絞りました。「たったそれだけ？」と思うかもしれませんが、各パターンを使った基本フレーズ1つと9つの例文を紹介し、さらにパターンが定着するよう、英作文トレーニング10題も用意しました。自分で考える能動的な作業を行うことで、より頭に印象深く残るように工夫してあります。

　もちろん、まとまった時間が取れるときには1日8〜10パターンずつこなして、短期集中で一気にマスターすることも可能です。また、そのパターンに近い表現がある場合は、関連パターンとして紹介しています。4つの例文と5題のトレーニングを用意したので、時間に余裕がある時はぜひ合わ

せて覚えておきましょう。近い表現を一緒に覚えることで、効率的にバリエーションを増やすことができます。

　いずれにせよ、そのパターンがなじむまで、何度も口にしてみてください。実際の会話の場面で「とっさに口から出てくる」ようにするためには、何度も繰り返すことが不可欠です。本書のパターンさえ覚えていれば必ず応用できるはずです。応用するクセさえつけば、積極的に英語でコミュニケーションをとりたくなるでしょう。いろんな言い方をあれこれ覚えるのではなく、まずは本書のパターンからマスターして、表現の幅を広げていってください。

　英語はあくまでもコミュニケーションツールです。それを利用して世界を広げることが目的ですので、間違いを恐れずとにかく実践してみてください。一度パターンが身につくと、自分自身で自然に応用することができるようになります。そうなったら英語マスターはすぐそこ。自分らしい英語を自由に話せるようになるはずです。パターンの例文以外にも、自分であれこれ入れ替えてどんどん使っていくことで、自分の中のお決まりフレーズが増えていき、ここぞという時に自然にポンッと出るはずです。

　最後に、ひとつでもパターンを覚えたら、実際の場面で即実践してみましょう。伝わった喜びは、「もっと話したい」というさらなるモチベーションにつながります。
　会話上達には、自分自身がまずその会話を「楽しむ」ことがとても大切です。ビジネスにおいても、相手の気持ちを考

えたフレーズを使ってこそ円滑に進みます。パターンを覚えることで、引き出しが自然と増え、相手との会話を「楽しむ余裕」が生まれるはずです。

　シンプルなパターンで相手に伝わりやすくなる→伝わったことで会話を楽しめる→その楽しかった経験が英会話習得のモチベーションとなる。そういった良いスパイラルを維持して、英語学習をぜひ続けてください。本書がその一助となればこれに勝る喜びはありません。

　皆さんの活躍の場が、世界に広がりますように。

Give it a try!

デイビッド・セイン
　　　＋
A to Z English

超速で覚える！ いますぐ使える！

[決定版] 英会話「1日1パターン」レッスン

目次

Part 1

これだけはマスターしたい！
絶対必須のパターン24

Part 2 仕事がどんどんはかどる！
大活躍のパターン20

Part 3

なぜかコミュニケーションが楽しくなる！

とっておきのパターン24

本書の構成と使い方

**パターンはどれも
中学英語レベル**

簡単だけれども、会話で
よく使うパターンを厳選
しました。

5

Could you ~?

～していただけますか？

基本フレーズ

Could you send that file again?
そのファイルをもう一度お送りいただけますか？

Could you ~? は、相手に何かを依頼するときの丁寧な表現です。**Can you ~?** も同じくよく使われる依頼の表現ですが、こちらは断られてもさほど問題ではない軽い頼み事をするときに使います。一方、**Would you ~?** は、「できれば断らないでくださいね」というニュアンスが含まれ、やや強い依頼表現になるので要注意。ビジネスで何かお願い事があるときは **Could you ~?** を使うのが無難です。

注意！ Please ～. を丁寧な依頼の表現として使っている日本人は少なくありません。しかし、**Please ～.**（もしくは～，**Please.**）は「ぜひ～してください」という意味ですので、実はかなり押しの強いニュアンスになります。
例）**Close the door, please!**
（お願いだから、ドアを閉めて！）

44

**「基本フレーズ」
をまずチェック**

具体的にどんな英文にな
るかを、ここでまずつか
みましょう。

**「解説」を読んで
理解を深める**

最低限おさえておきたい
文法事項や、各パターン
の持つ微妙なニュアンス
などを解説。理解が深ま
り、頭に残りやすくなり
ます。

「応用知識」も充実

各パターンを使うときの注意点や、関連
して覚えておくとよい表現・フレーズも
豊富に紹介しています。

18

⟨　このパターンでこんなことが言えます！　⟩

Could you call later?
(電話で) のちほどかけ直していただけますか？

Could you take a message?
伝言をお願いできますか？

Could you change the meeting time?
打ち合わせの時間を変えていただけますか？

Could you hold for just a moment?
少々お待ちいただけますか？

Could you forward that e-mail to me?
そのメールを私に転送していただけますか？

Could you ask him to call me back?
彼に折り返し電話をしてもらえるようお伝えいただけますか？

Could you be a little more specific?
もう少し具体的に話していただけますか？

Could you take a picture of us?
私たちの写真を撮っていただけますか？

Would you cancel my reservations?
なんとか予約を取り消してもらえませんか？

45

**「例文」を読んで
パターンを
頭に定着させる**

各パターンを使った「例文」を9つずつ掲載。これを読むと、たったひとつのパターンで実にさまざまなことを表現できることに驚くはずです。

使用頻度が高いフレーズを精選

例文は、ビジネスの場や、海外旅行のときなどに「よく使うもの」ばかり。また、「reservation ⇒ order」というように単語を入れかえて使えば、さらに多くのことが表現可能です。

日本語の文章を見て
英文を思い浮かべる

**STEP 1で習った
パターンを使って
英作文にトライ**

右ページを隠して、英文
を頭の中で思い浮かべて
みましょう。

ヒントも参考に

難しい単語や言い回しに
はヒントをつけていま
す。大いに参考にしてく
ださい。

パターン トレーニング	**Could you ~?**
	~していただけますか？

□ ① みなさんにメールを送っていただけますか？

□ ② 航空券の手配をお願いできますか？
　　ヒント：手配する = arrange

□ ③ 予約の変更をお願いしたいのですが？

□ ④ それを今日中に終わらせていただけますか？

□ ⑤ 私を手伝っていただけますか？

□ ⑥ これらのレポートをまとめていただけますか？
　　ヒント：まとめる = organize

□ ⑦ ジョーンズさんに私を紹介していただけますか？

□ ⑧ この単語の意味を教えていただけますか？

□ ⑨ 明日の朝までにこれを終わらせてほしいのですが。

□ ⑩ なんとか今すぐ来てもらえないですかね？

STEP 3 英文を見て答え合わせ

① **Could you** e-mail everyone?

② **Could you** arrange my ticket?

③ **Could you** change my reservations?

④ **Could you** finish that today?

⑤ **Could you** help me?

⑥ **Could you** organize these reports?

⑦ **Could you** introduce me to Mr. Jones?

⑧ **Could you** tell me what this word means?

⑨ **Could you** finish this by tomorrow morning?

⑩ **Would you** come right now?

47

間違った部分を確認

最初は間違って当たり
前。落ち込む必要はあり
ません。自分の思い浮か
べた英文とどこが違うか
を、しっかり確認しま
しょう。

STEP2と3を繰り返し、
右ページの英文がパッと
思い浮かぶようになったら
□の中に✓（チェック）を入れる

①〜⑩のすべてにチェックが入ったら、
このパターンのレッスンは終了です。

21

レッスンの進め方

基本は

1日1パターンずつ
レッスン

[メリット]

● 通勤・移動中、お昼休みなどの
　「スキマ時間」に手軽にできる！
● 机の前に座って勉強しなくてもいい！
● 忙しい人でもラクに続けられる！

短期集中型のあなたは

1週間で
速攻レッスン
（1日8〜10パターン程度）

「PART1」だけ
2日で集中レッスン
（1日12パターン程度）

●夏休みやGWに、
　短期間で一気に
　マスターできる！

●急な海外出張や旅
　行の直前（最悪、飛
　行機の中）でもOK。

Part1
これだけはマスターしたい！
絶対必須のパターン24

I'd like to ~.

～をしたいのですが

基本フレーズ

I'd like to exchange money.
両替をしたいのですが。

I'd like to は **I would like to** の略で、自分の希望をかなえてもらいたいときの丁寧な依頼の表現です。「～したいのですが」というニュアンスで、**to** 以下に具体的に自分のしたいこと（行動）を続けます。自分側の都合や、自分のちょっとしたわがままなどを伝えるときは、**I want to** ではなく、この **I'd like to** という丁寧な表現を使ったほうが、相手に好印象です。

プラス
アルファ

行動ではなく、何かモノが欲しい場合、つまり「～を欲しいのですが」と言いたいときには、**I'd like a menu.**（メニューをいただきたいのですが）のように to を入れずに表します。機内食で魚料理か肉料理かを聞かれたときも、**I'd like fish.**（魚料理でお願いします）と答えるとスマートです。

このパターンでこんなことが言えます！

I'd like to take a break.
休憩をとりたいのですが。

I'd like to make a copy.
コピーをとりたいのですが。

I'd like to ask you a question.
質問があります。

I'd like to speak to Mr. Jones.
（電話で）ジョーンズさんをお願いします。

I'd like to ask for your opinion.
あなたのご意見をおうかがいしたいのですが。

I'd like to have something to drink.
何か飲み物が欲しいのですが。

I'd like to see a menu.
メニューを見たいのですが＝メニューをください。

I'd like to cancel my order.
注文を取り消したいのですが。

I'd like to try this on.
これを試着したいのですが。

I'd like to ~.

～をしたいのですが

□ ① 早めに出たいのですが。

□ ② レンタカーを借りたいのですが。

□ ③ 予約をキャンセルしたいのですが。

□ ④ 日本語のパンフレットをいただきたいのですが。

□ ⑤ あなたとアイデアを共有したいのですが。

□ ⑥ 営業部のどなたかと話したいのですが。

□ ⑦ 詳細を(あなたと)確認させていただきたいのですが。

□ ⑧ コーヒーをお願いします。

□ ⑨ 領収書をいただきたいのですが。
　　　ヒント：領収書＝ receipt

□ ⑩ 窓際の席がいいのですが。

① **I'd like to** leave early.

② **I'd like to** rent a car.

③ **I'd like to** cancel my reservation.

④ **I'd like to** have a pamphlet in Japanese.

⑤ **I'd like to** share an idea with you.

⑥ **I'd like to** speak with someone in sales.

⑦ **I'd like to** confirm some details with you.

⑧ **I'd like** coffee.

⑨ **I'd like** a receipt.

⑩ **I'd like** a window seat.

2

Do you have ~?

～はありますか？

基本フレーズ

Do you have a few minutes?

少しお時間ありますか？

Do you have ~? は、「～はありますか？」と人に何か持っているかどうか尋ねるときに使う表現です。右頁の例文のように「モノ」はもちろん、**Do you have some time?**（お時間ありますか？）や **Do you have any ideas?**（アイデアはありますか？）のように、「コト」に対しても使うことができます。また you は、例文のように話し相手「ひとり」だけではなくお店や団体に対しても使います。**Do you have these shoes in black?**（この靴の黒はありますか？）の you は、店員ではなく、お店を指します。

プラスアルファ

相手に何か予定があるかどうかを聞くときに便利なのが、**Do you have any plans for ~?** です。**Do you have any plans for tonight/tomorrow?**（今夜／明日、何か予定がある？）というように、食事に誘うときや残業の手伝いをお願いするときなどに使えます。

このパターンでこんなことが言えます！

Do you have a business card?
お名刺をお持ちですか？

Do you have a wireless network?
無線ＬＡＮはありますか？

Do you have any questions?
何かご質問はありますか？

Do you have any suggestions?
何かオススメ（提案）はありますか？

Do you have time to chat?
雑談をする時間はある？

Do you have a conference room I can use?
利用可能な会議室はありますか？

Do you have one like this?
これと同じようなものがありますか？

Do you have these shoes in another color?
この靴で違う色のものがありますか？

Do you happen to **have** stomach medicine?
胃薬なんて持ってたりする？

＊ have の前に「happen to」を入れると、「持っていたりします？」というニュアンスになり、相手へのプレッシャーを軽減できます。

Do you have ~?

～はありますか？

□ ① 会社のパンフレットはありますか？

□ ② 日本に代理店はありますか？
　　　ヒント：代理店＝ agency

□ ③ 私に何かアドバイスはありますか？

□ ④ 今日か明日、お時間ありますか？

□ ⑤ 例の件について話す時間がありますか？

□ ⑥ この企画書に対して何かコメントはありますか？

□ ⑦ 今日の会議の資料はお持ちですか？
　　　ヒント：資料＝ materials

□ ⑧ 午後は何かお約束がありますか？

□ ⑨ 熱はありますか？
　　　ヒント：熱＝ fever

□ ⑩ 今何時かわかったりします？
　　　ヒント：今何時ですか？＝ Do you have the time?

---

① **Do you have** a company pamphlet?

② **Do you have** an agency in Japan?

③ **Do you have** any advice for me?

④ **Do you have** some time today or tomorrow?

⑤ **Do you have** time to discuss the matter?

⑥ **Do you have** any comments on this proposal?

⑦ **Do you have** the materials for today's meeting?

⑧ **Do you have** any appointments this afternoon?

⑨ **Do you have** a fever?

⑩ **Do you** happen to **have** the time?

3

Do you know ~?

～をご存じですか？

基本フレーズ

Do you know Mr. Brown's e-mail address?
ブラウンさんのメールアドレスをご存じですか？

Do you know ~? は、「～をご存じですか？」という意味のフレーズです。よく **Do you know where ~?**（～はどこかご存じですか？）のように、５Ｗ１Ｈ（**where/when/who/what/why/how**）を使った文と組み合わせて使用されます。その場合、主語と動詞の位置が入れ替わり、「主語＋動詞」の語順になります（間接疑問文）。例）**Do you know? + Where is the hospital? → Do you know where the hospital is?**

プラスアルファ

初対面の人などに丁寧に聞きたいときは、Do you **happen to know ~?** という言い方がおすすめです。「ひょっとして、ご存じだったりします？」というニュアンスになります。
例）**Do you happen to know where the post office is?**
（郵便局がどこにあるか、ご存じだったりします？）

このパターンでこんなことが言えます！

Do you know Japanese?
日本語がわかりますか？

Do you know her first name?
彼女の下の名前をご存じですか？

Do you know the time in New York?
ニューヨークの現地時間がわかりますか？

Do you know the name of this item?
この商品の名前をご存じですか？

Do you know why the train is late?
なぜ電車が遅れているかご存じですか？

Do you know why the client got angry?
なぜクライアントが怒ったか知っていますか？

Do you know what time the meeting starts?
会議が何時に始まるかご存じですか？

Do you know the name of that building?
あの建物の名前をご存じですか？

Do you know of a good restaurant near here?
このあたりで、どこかいいレストランを知りませんか？
＊ know of…で「〜の存在を知っている」という意味になります。

Do you know ~?

~をご存じですか？

□ ① 彼の電話番号をご存じですか？

□ ② あの建物の名前をご存じですか？

□ ③ どうやってログインすればいいか知っていますか？

□ ④ ジョージさんがなんと言ったかご存じですか？

□ ⑤ 病院がどこにあるかご存じですか？

□ ⑥ 飛行機の遅延の理由をご存じですか？

□ ⑦ そこへの一番早い行き方をご存じですか？

□ ⑧ (地図を見せながら)今、私たちがどこにいるか、わかりますか？

□ ⑨ このプリンターがどうしてこうなっちゃったか知ってる？

□ ⑩ これを直すのにどれくらい(期間が)かかるかわかりますか？

---

① **Do you know** his phone number?

② **Do you know** the name of that building?

③ **Do you know** how to log in?

④ **Do you know** what George said?

⑤ **Do you know** where the hospital is?

⑥ **Do you know** the reason the plane is late?

⑦ **Do you know** the fastest way to get there?

⑧ **Do you know** where we are now?

⑨ **Do you know** what happened to the printer?

⑩ **Do you know** how long it will take to repair this?

4

Could I ~?

～してもいいですか？

基本フレーズ

Could I have your business card?
お名刺を頂戴してもよろしいですか？

Could I ~? は、相手に許可を求めるときの丁寧な表現です。**Could I get a copy of this?**（このコピーをいただけますか？）というように、Could I のあとに動詞を続けます。友人同士や親しい人であれば **Can I come with you?**（一緒に行ってもいい？）のように **Can I ~?** を使ってもいいですが、ややカジュアルな響きがあります。初対面の人やビジネスシーンでは、**Could I ~?** を使うようにしましょう。

注意！

May I ～? も同じく許可を得るときの表現ですが、とても丁寧な言い方なので、接客時によく使われます。ただかなりへりくだった印象があるので、通常のビジネス会話ではややおおげさに聞こえます。「トイレを借りる」ときは、**Can I use ～?** を使います。固定されている「トイレ」や「電話」などを借りるときは use を使います。

このパターンでこんなことが言えます！

Could I have your name?
お名前をうかがってもよろしいでしょうか？

Could I leave a little early?
少し早めに失礼させていただいてもよろしいですか？

Could I have Monday off?
月曜日はお休みをいただいてもよろしいでしょうか？

Could I move on to the next topic?
次の議題に移ってもよろしいでしょうか？

Could I ask you a favor?
お願いしてもいいですか？

Could I have a little more time?
もう少しお時間よろしいですか？

Could I ask you to explain this in more detail?
こちら、もう少し詳しく説明をお願いできますか？

Could I ask who's calling, please?
（電話で）どちら様でしょうか？

Could I have about 15 minutes to explain this?
こちらの説明に15分ほど頂戴できますか？

Could I ~?

~してもいいですか?

□ ① (電話で) もう一度お名前を頂戴できますか?

□ ② ウィリアムズさんとお話しできますか?

□ ③ この会議室を使ってもいいですか?

□ ④ クライアントと直接話してもいいですか?

□ ⑤ 別のご連絡先を頂戴できますか?

□ ⑥ 契約を少し変更させていただいてもよろしいですか?

□ ⑦ この問題に関して弁護士と相談してもよいでしょうか?

□ ⑧ どちらのご出身か、おうかがいしてもよろしいですか?

□ ⑨ (電話で) 後ほどかけ直していただけますか?

□ ⑩ チームのほかのスタッフと相談してもいいですか?

① **Could I** have your name again?

② **Could I** speak to Mr. Williams?

③ **Could I** use this conference room?

④ **Could I** talk to the client directly?

⑤ **Could I** get another contact number?

⑥ **Could I** change the contract a little?

⑦ **Could I** discuss this issue with a lawyer?

⑧ **Could I** ask you where you come from?

⑨ **Could I** ask you to call back later?

⑩ **Could I** consult with the other people on the team?

May I ~?

~してもよろしいですか？

基本フレーズ

May I open the window?
窓を開けてもよろしいですか？

May I ~? も同じく許可を求めるときに使えるパターンですが、**Can I ~?** よりも丁寧でかしこまった言い方になります。たいてい目上の人にへりくだってお願いするときに使います。

パターントレーニング

□ ① これを返品してもよろしいですか？

□ ② あなたのアシスタントをお借りしてもよろしいですか？

□ ③ コピー機を使ってもよろしいですか？

□ ④ 禁煙の部屋を予約してもよろしいですか？

□ ⑤ 音楽の音量を下げてもらってもいいでしょうか？

このパターンでこんなことが言えます！

May I see your ID, please?
身分証を見せていただけますか？

May I have Monday off?
月曜日はお休みをいただいてもよろしいでしょうか？

May I take a message?
伝言をあずかりましょうか？

May I ask you to switch seats with me?
私と席を替わってもらってもいいでしょうか？

① **May I** return this?

② **May I** borrow your assistant?

③ **May I** use your copy machine?

④ **May I** reserve a non-smoking room?

⑤ **May I** ask you to turn down the music?

5

Could you ~?

～していただけますか？

基本フレーズ

Could you send that file again?
そのファイルをもう一度お送りいただけますか？

Could you ~? は、相手に何かを依頼するときの丁寧な表現です。**Can you ~?** も同じくよく使われる依頼の表現ですが、こちらは断られてもさほど問題ではない軽い頼み事をするときに使います。一方、**Would you ~?** は、「できれば断らないでくださいね」というニュアンスが含まれ、やや強い依頼表現になるので要注意。ビジネスで何かお願い事があるときは **Could you ~?** を使うのが無難です。

注意！

Please ～ . を丁寧な依頼の表現として使っている日本人は少なくありません。しかし、**Please ～ .**（もしくは～ , Please.）は「ぜひ～してください」という意味ですので、実はかなり押しの強いニュアンスになります。
例）**Close the door, please!**
（お願いだから、ドアを閉めて！）

このパターンでこんなことが言えます！

Could you call later?
（電話で）のちほどかけ直していただけますか？

Could you take a message?
伝言をお願いできますか？

Could you change the meeting time?
打ち合わせの時間を変えていただけますか？

Could you hold for just a moment?
少々お待ちいただけますか？

Could you forward that e-mail to me?
そのメールを私に転送していただけますか？

Could you ask him to call me back?
彼に折り返し電話をしてもらえるようお伝えいただけますか？

Could you be a little more specific?
もう少し具体的に話していただけますか？

Could you take a picture of us?
私たちの写真を撮っていただけますか？

Would you cancel my reservations?
なんとか予約を取り消してもらえませんか？

□ ① みなさんにメールを送っていただけますか？

□ ② 航空券の手配をお願いできますか？
　　　ヒント：手配する＝ arrange

□ ③ 予約の変更をお願いしたいのですが？

□ ④ それを今日中に終わらせていただけますか？

□ ⑤ 私を手伝っていただけますか？

□ ⑥ これらのレポートをまとめていただけますか？
　　　ヒント：まとめる＝ organize

□ ⑦ ジョーンズさんに私を紹介していただけますか？

□ ⑧ この単語の意味を教えていただけますか？

□ ⑨ 明日の朝までにこれを終わらせてほしいのですが。

□ ⑩ なんとか今すぐ来てもらえないですかね？

① **Could you** e-mail everyone?

② **Could you** arrange my ticket?

③ **Could you** change my reservations?

④ **Could you** finish that today?

⑤ **Could you** help me?

⑥ **Could you** organize these reports?

⑦ **Could you** introduce me to Mr. Jones?

⑧ **Could you** tell me what this word means?

⑨ **Could you** finish this by tomorrow morning?

⑩ **Would you** come right now?

Could you tell me ~?

~を教えていただけますか？

基本フレーズ

Could you tell me your e-mail address?
メールアドレスを教えていただけますか？

Could you ~? に、「教えてください」という意味の **tell me** を
つけると、自分がわからないことについて誰かに尋ねるとき
の丁寧な表現になります。また、「～についてもう少し詳しく
教えて」と言いたいときは、**Could you tell me more about ~?**

パタートレーニング

□ ① もう一度出発時刻を教えていただけますか？
　　ヒント：出発時刻＝ the departure time

□ ② 何曜日か教えていただけますか？
　　ヒント：何曜日ですか？ = What day is it?

□ ③ 誰がそんなことを言ったのか教えてもらえますか？

□ ④ 次のミーティングがいつになったのか教えてもらえますか？

□ ⑤ どうしてこんなに発送が遅れているのかを教えていただけますか？

という言い方をします。

このパターンでこんなことが言えます！

Could you tell me when he will be back?
彼がいつ戻るか教えていただけますか？

Could you tell me how long it will take?
どれぐらい時間がかかるか教えてもらえますか？

Could you tell me how to turn this on?
これの電源をどうやって入れたらいいか教えてください。

Could you tell me more about your company's products?
御社の商品について詳しくお聞かせ願えますか？

---

① **Could you tell me** the departure time again?

② **Could you tell me** what day it is?

③ **Could you tell me** who said that?

④ **Could you tell me** when the next meeting will be?

⑤ **Could you tell me** why our order has been delayed so much?

6

Do you mind if I ~?

～してもかまいませんか？

基本フレーズ

Do you mind if I use your computer?

あなたのパソコンを使ってもかまいませんか？

直訳は「もし～したら、あなたは気にしますか（イヤですか）？」ですが、会話ではif以下に続くことに関して相手から許可を求める表現になります。相手にちょっとした迷惑をかけてしまうかも、というシチュエーションで使います。

注意！　**Do you mind if I ~?** でややこしいのが答え方です。英語の場合、「～するのはイヤですか？」と聞いているので、許可する場合は、Yes ではなく、No を使って答えます。

例）**Do you mind if I smoke here?**

吸ってOK→ **No, I don't mind. /No, not at all.**

吸わないでほしい→ **Yes, I do./I'd rather you didn't.**

このパターンでこんなことが言えます！

Do you mind if I borrow this umbrella?
この傘をお借りしてもかまいませんか？

Do you mind if I make one suggestion?
ひとつ提案させてもらってもいいですか？

Do you mind if I make some changes to the document?
書類にいくつか訂正を加えてもいいですか？

Do you mind if I have a drink?
お酒を飲んでもかまいませんか？

Do you mind if I'm a few minutes late?
数分遅れてもかまいませんか？

Do you mind if I turn up the music?
音楽の音量を上げてもかまいませんか？

Do you mind if I take a picture of you?
あなたの写真を撮ってもかまいませんか？

Do you mind if I fly first-class?
飛行機のファーストクラスに乗ってもかまいませんか？

Do you mind if I don't attend the party?
そのパーティーに出席しなくてもかまいませんか？

Do you mind if I ~?

～してもかまいませんか？

□ ① 窓を開けてもかまいませんか？

□ ② ご一緒してもいいですか？

□ ③ コメントしてもいいですか？

□ ④ ちょっと休憩してもいいですか？

□ ⑤ 明日お渡しするので、大丈夫ですか？

□ ⑥ このイスに座ってもかまいませんか？

□ ⑦ 早く寝てもかまいませんか？

□ ⑧ 私の部屋でランチを食べてもかまいませんか？

□ ⑨ あなた抜きで映画を観てもかまいませんか？

□ ⑩ あなたが到着する前にディナーを注文しても問題ないですか？

① **Do you mind if I** open the window?

② **Do you mind if I** join you?

③ **Do you mind if I** make a comment?

④ **Do you mind if I** take a short break?

⑤ **Do you mind if I** give it to you tomorrow?

⑥ **Do you mind if I** sit in this chair?

⑦ **Do you mind if I** go to bed early?

⑧ **Do you mind if I** eat lunch in my room?

⑨ **Do you mind if I** see the movie without you?

⑩ **Do you mind if I** order dinner before you arrive?

7

What does ~ mean?

～はどういう意味ですか？

基本フレーズ

What does this word mean?
この言葉はどういう意味ですか？

What does ~ mean? は、自分の知らない単語や表現など
の意味、定義などを人に質問するときに使えるパターンで
す。～の部分に聞きたいことを入れるだけでOK。また、
What does her smile mean?（彼女のほほえみの意味は
なんだろう？）のように、何かの理由や原因を知りたいと
きにも使えます。

相手の発言などの意図がいまいちわからなかったり、もう少し嚙み
砕いた説明が欲しいときは、**What do you mean?** というフレー
ズを使えば、「具体的にはどういう意味ですか？」と尋ねるひと言
になります。

このパターンでこんなことが言えます！

What does "COD" **mean**?
「COD」とはどういう意味ですか？

What does this sign **mean**?
この張り紙（標識）の意味はなんですか？

What does that smile **mean**?
あの笑みは何を意味するんだろう？

What does she **mean**?
彼女が言っているのはどういう意味ですか？

What does "family" **mean** to you?
あなたにとって「家族」とはどんな存在ですか？

What does "work" **mean** to Japanese people?
「働く」とは日本人にとってどういう意味があるのでしょう？

What does she **mean** to you?
彼女はあなたにとってどういう存在ですか？

What does this error message **mean**?
このエラーメッセージはどういう意味ですか？

What do you mean by "temporary"?
「当面」というと、どれぐらいの期間のことですか？

What does ~ mean?

～はどういう意味ですか？

□ ① 「ROE」とはどういう意味ですか？

□ ② あれはどういう意味ですか？

□ ③ このデータは何を意味していますか？

□ ④ この記事の意味するところは何ですか？

□ ⑤ このしるしの意味は？

□ ⑥ この詩はどういう意味ですか？

□ ⑦ 御社の社名の意味は何ですか？

□ ⑧ 今朝、彼からきたメールはどういう意味ですか？

□ ⑨ 円高と円安とはどういう意味ですか？

□ ⑩ 日本人にとって英語を勉強するということはどういう意味があるのですか？

① **What does** "ROE" **mean?**

② **What does** that **mean?**

③ **What does** this data **mean?**

④ **What does** this article **mean?**

⑤ **What does** this mark **mean?**

⑥ **What does** this poem **mean?**

⑦ **What does** your company's name **mean?**

⑧ **What does** the e-mail that came from him this morning **mean?**

⑨ **What do** the terms "strong yen" and "weak yen" **mean?**
＊3人称単数以外では does ではなく、do を使います。

⑩ **What does** learning English **mean** to Japanese people?

Do you mean ~?

（相手の発言に対して）〜ということですか？

基本フレーズ

Do you mean I should redo it?
やり直したほうがいいということですか？

相手の言ったことなどに対し、自分の理解が間違っていないか
どうかを確認するときに使うフレーズです。

相手の言ったことが即座に信じられず、再度聞き返すような
ニュアンスで使うこともあります。

パタートレーニング

□ ① 難しいということですか？

□ ② 気に入らないということですか？

□ ③ あきらめるべきだということですか？

□ ④ 企画は却下されたということですか？

□ ⑤ 夢がついにかなったということ？

例）**Do you mean you quit?**

（辞めるってこと!?）

　　　　このパターンでこんなことが言えます！

Do you mean it's impossible?
不可能ということですか？

Do you mean you want to cancel?
キャンセルしたいということですか？

Do you mean we should stop doing business with ABC?
もうＡＢＣ社との取引はやめたほうがいいということですか？

Do you mean that?
本当に？

---

① **Do you mean** it's difficult?

② **Do you mean** you don't like it?

③ **Do you mean** I should give up?

④ **Do you mean** that the proposal was rejected?

⑤ **Do you mean** your dream came true?

8

I think ~.

~と思います

基本フレーズ

I think his new idea is really great.
彼の新しい案はすごくいいと思います。

I think ~. は、自分の考えを述べるときに非常によく使われる表現です。否定的なことを言うときも、**There are some problems.**（いくつか問題があります）といきなり言うよりも、**I think there are some problems.** と **I think** で切り出したほうが「～かな。違うかもしれないけど」というニュアンスが含まれて、相手にきつい印象を与えずにすみます。

プラス
アルファ

英語で think（思う）、believe（思う、信じている）、suppose（思う）などを使って否定をするとき、**I think it's not possible.** と言うよりも、**I don't think it's possible.** のように動詞を否定する言い方のほうが好まれます。

このパターンでこんなことが言えます！

I think it costs too much.
ちょっと高すぎると思います。

I think that's the best choice.
それが最善の選択だと思います。

I think there's a better way.
もっとよい方法があると思います。

I think we're making a big mistake.
我々は大きな間違いをしていると思います。

I think you're going to like it.
あなたはそれを気に入ると思います。

I think the meeting has been rescheduled.
会議日程は変更になったと思います。

I think this museum is fantastic.
この美術館は素晴らしいと思います。

I think we're lost.
私たちは道に迷ったと思います。

I think it's going to rain.
雨が降ると思います。

I think ~.

～と思います

☐ ① あなたが正しいと思います。

☐ ② 今日は早く出ようと思います。

☐ ③ 壊れているようです。

☐ ④ あなたは行くべきです。

☐ ⑤ 利益を改善することは可能だと思います。

☐ ⑥ 上司に相談しないといけません。

☐ ⑦ 新幹線を使うほうが早いと思います。
　　　ヒント：新幹線＝ bullet train

☐ ⑧ あなたのデータに問題があると思います。

☐ ⑨ このプロジェクトは難しすぎると思います。

☐ ⑩ 今は海外に新しい工場を作るよい時期だと思います。

① **I think** you're right.

② **I think** I'll leave early today.

③ **I think** it's broken.

④ **I think** you should go.

⑤ **I think** we can improve our profits.

⑥ **I think** I should consult my superiors.

⑦ **I think** the bullet train is faster.

⑧ **I think** there's a problem with your data.

⑨ **I think** this project is too tough.

⑩ **I think** now is a good time to open a new factory overseas.

I don't think ~.

～とは思いません

--- 基本フレーズ ---

I don't think that's a good idea.
それがいい考えだとは思いません。

例えば「それは真実ではないと思います」と言うとき、**I think that's not true.** ではなく、**I don't think that's true.** というように、最初の think を否定する言い方が好まれます。このフレーズで切り出せば「反対の意思を述べるんだな」とい

パタートレーニング

□ ① **それが大きな問題だとは思いません。**

□ ② **それが良い解決策とは思いません。**

□ ③ **それが最善の策とは思えません。**
ヒント：最善の策= the best policy

□ ④ **彼が協力するとは思えません。**

□ ⑤ **これを我々がやるべきではありません。**

うことが最初に伝わるので、相手も理解しやすくなります。

このパターンでこんなことが言えます！

I don't think you should go.
あなたは行くべきではないと思います。

I don't think the boss will agree.
上司が賛成するとは思えません。

I don't think it's worth the effort.
やっても無駄だと思います。

I don't think this is the report we need.
これは我々の欲しかった報告書ではありません。

---

① **I don't think** it's a big problem.

② **I don't think** that's a good solution.

③ **I don't think** that's the best policy.

④ **I don't think** he'll cooperate.

⑤ **I don't think** we should do this.

9

I know ~, but ...

～なのはわかっているのですが…

基本フレーズ

I know you're busy, **but** could you help me?
忙しいのはわかっていますが、手伝ってもらえますか？

I know ~, but ... は、「～なのはわかっているのですが、お願いします」というニュアンスで、誰かに先に断りを入れてからお願い事をするときのパターンです。相手の都合や状況も配慮している、という気持ちが伝わる丁寧な依頼表現です。

プラスアルファ

急なお知らせやお願いをするときによく使うのが、**I know it's sudden, but ...** という言い方です。突然でごめんね、というニュアンスが伝わります。
例) **I know it's sudden, but I need to go now.**
（急だけど、もう行かないと）

I know it's sudden, **but** please come soon.
突然で申し訳ないのですが、すぐに来てください。

I know it's late, **but** can we talk?
今さらだけど、話せるかな？

I know I asked you this before, **but** what time is the meeting?
前にも聞いたとは思いますが、会議は何時からですか？

I know you're busy, **but** could you do this?
忙しいとは思いますが、これをやってもらえますか？

I know it's sudden, **but** I want to change the plan.
急だけど、予定変更してもいいですか？

I know you're on a break, **but** could I ask a question?
休憩中にすみませんが、質問してもいいですか？

I know you have to leave soon, **but** could you check this?
もう出る時間なのは知ってるけど、これだけチェックしてもらえない？

I know you don't like him, **but** please don't be rude.
彼が気に食わないのはわかるけど、失礼な態度はやめて。

I know it's not easy, **but** we have to do it.
難しいとは思うけど、やるしかないですね。

□ ① お忙しいとは思いますが、5分だけよろしいですか？

□ ② 突然で悪いんだけど、会議に参加できなくなっちゃった。

□ ③ お忙しいとは思いますが、すぐにお返事をください。

□ ④ 日曜なのはわかっているのですが、これが今夜中に必要なのです。

□ ⑤ 間際で申し訳ないのですが、会議の時間を変更できますか？
　　ヒント：間際＝ last minute

□ ⑥ あまり時間がないのはわかっていますが、それを終わらせることはできますか？

□ ⑦ 彼があなたの友人なのはわかりますが、彼を招待することはできません。

□ ⑧ 難しいのはわかっていますが、あなたを信頼しています。
　　ヒント：～を信頼している＝ have faith in ~

□ ⑨ お疲れとは思いますが、これをやっていただけませんか？

□ ⑩ そういうつもりはなかったのはわかりますが、とても傷つきました。

Part1 これだけはマスターしたい！絶対必須のパターン24

① **I know** you're busy, **but** could I have five minutes?

② **I know** it's sudden, **but** I can't join the meeting.

③ **I know** you're busy, **but** please reply soon.

④ **I know** it's Sunday, **but** I need this tonight.

⑤ **I know** it's last minute, **but** can we change the meeting time?

⑥ **I know** there's not much time, **but** can you finish it?

⑦ **I know** he's your friend, **but** we can't invite him.

⑧ **I know** it'll be difficult, **but** I have faith in you.

⑨ **I know** you're tired, **but** could you do this?

⑩ **I know** you didn't mean it, **but** it really hurt my feelings.

I don't mean to ~, but ...

~というわけではないのですが…

基本フレーズ

I don't mean to complain, **but** I'm tired of shopping.

不満というわけではないのですが、ショッピングにはあきました。

mean は、「～のつもり」という意味でもよく使われます。
I don't mean to ~ で「～のつもりはありませんでした」と考えを明確にし、誤解を防ぐときに使います。一方、相手に信じがたいことを言われたときには、**Do you mean that?**（そ

パターントレーニング

□ ① プレッシャーを与えるつもりはないのですが、10分しかありません。

□ ② 怒っていると思われたくないのですが、もう待てません。

□ ③ 詮索するつもりはないのですが、結婚していますか？
ヒント：詮索好きな、おせっかいな= nosy

□ ④ （タクシーなどで）強要するつもりはないのですが、もっと急げますか？

□ ⑤ 傷つけるつもりはありませんでした。

れ本気なの？）というフレ ズがよく使われます。

━━━ このパターンでこんなことが言えます！ ━━━

I don't mean to rush you, **but** we don't have much time.
焦らせるつもりはないのですが、あまり時間がありません。

I don't mean to be picky, **but** this is too salty.
好き嫌いを言うつもりじゃないけど、しょっぱすぎます。

I don't mean to disagree, **but** that's not right.
反対というわけではないのですが、それは間違いです。

I don't mean it.
そんなつもりじゃないの。＊誤解されたときなどによく言います。

---

① **I don't mean to** pressure you, **but** we only have 10 minutes.

② **I don't mean to** sound angry, **but** I can't wait any longer.

③ **I don't mean to** be nosy, **but** are you married?

④ **I don't mean to** push you, **but** can you go faster?

⑤ **I didn't mean to** hurt you.

10

I'm sorry, but ~.

申し訳ありませんが～

基本フレーズ

I'm sorry, but I'll be late.
申し訳ありませんが、遅れます。

相手からの依頼に応じることができないときや、相手に
とって好ましくないことを伝えなくてはいけないときに、
「申し訳ないのだけど」という気持ちが伝わる便利なフレー
ズです。まず、**I'm sorry** と謝罪の気持ちを述べることで、
相手も「何かよくないことを話すんだな」と心の準備をす
ることができ、**but** 以下の悪いことをいきなり伝えるより
相手のショックがやわらぐでしょう。

プラス
アルファ

ビジネスなどで丁寧かつ具体的に謝罪をしたいときは、I
apologize for ～というパターンを使うようにしましょう。
例）I apologize for this late notice.
　　（お知らせが遅くなり、誠に申し訳ございません）
Part2 の30のパターンでさらに紹介します。

このパターンでこんなことが言えます！

I'm sorry, but I'm not available then.
申し訳ありませんが、その時間は手が空いていません。

I'm sorry, but I need three more copies.
悪いけど、もう3部コピーが要ります。

I'm sorry, but can you finish this first?
申し訳ありませんが、こちらを先に終わらせてもらえますか？

I'm sorry, but I'll need another day to prepare.
申し訳ないのですが、準備にもう1日必要です。

I'm sorry, but two of the items are out of stock.
あいにく、ご注文のうち2つが欠品中です。

I'm sorry, but he's on another line.
申し訳ありませんが、彼は別の電話に出ています。

I'm sorry, but we're full.
申し訳ありませんが、満室です。

I'm sorry, but that's confidential.
申し訳ありませんが、部外秘です。

I apologize for taking so much time to reply.
返信が大変遅くなり、誠に申し訳ございません。

I'm sorry, but ~.

申し訳ありませんが〜

□ ① 申し訳ないのですが、今忙しいんです。

□ ② 申し訳ありませんが、彼は会議中です。

□ ③ 申し訳ないのですが、彼は出張に出ています。

□ ④ 申し訳ありませんが、電車が遅れてしまったんです。

□ ⑤ 悪いけど先に帰ってもいいですか？

□ ⑥ 申し訳ありませんが、もっと静かに話していただけますか？

□ ⑦ 勘違いしてしまい、誠に申し訳ありませんでした。

□ ⑧ 申し訳ありませんが、明日は息子の看病をしなくてはいけません。

□ ⑨ 申し訳ありませんが、2時から利用可能な会議室はありません。

□ ⑩ 会議を欠席してしまい、大変申し訳ありませんでした。

① **I'm sorry, but** I'm busy now.

② **I'm sorry, but** he's in a meeting.

③ **I'm sorry, but** he's out of town.

④ **I'm sorry, but** the train was delayed.

⑤ **I'm sorry, but** is it all right if I leave early?

⑥ **I'm sorry, but** would you talk more quietly ?

⑦ **I apologize for** misunderstanding you.

⑧ **I'm sorry, but** I'll need to be with my sick son tomorrow.

⑨ **I'm sorry, but** no meeting rooms are available from 2:00.

⑩ **I apologize for** missing the meeting.

11

I'm afraid ~.

あいにく～／残念ながら～

基本フレーズ

I'm afraid I don't know.
あいにく私ではわかりかねます。

I'm afraid ~ は「あいにく～」というニュアンス。**I'm afraid I can't.**（悪いけど無理です）のように否定したり、断ったりするとき、もしくは **I'm afraid I have to leave.**（そろそろ行かないと）のように言いにくいことを伝えるときに、文頭につけて切り出すことができます。残念な気持ちも伝わる便利なフレーズです。

プラス
アルファ

I'm afraid I'll ～と言うと、「自分が～しちゃいそうで怖いな」と失敗を不安に思う気持ちが表せます。
例）**I'm afraid I'll make a mistake.**
（間違えちゃいそうだな）

このパターンでこんなことが言えます！

I'm afraid he's on another line.
あいにく彼は別の電話に出ております。

I'm afraid Ed's left for the day.
あいにくエドは本日もう失礼いたしました。

I'm afraid I already have an appointment at that time.
あいにくその時間は先約がございます。

I'm afraid Bob's on a business trip.
あいにくボブは出張中です。

I'm afraid they're sold out.
あいにく売り切れました。

I'm afraid it's not possible.
ごめんなさい、無理です。

I'm afraid I couldn't find it.
残念ながら見つかりませんでした。

I'm afraid we don't accept credit cards.
あいにくクレジットカードは使えません。

I'm afraid I'll sleep in tomorrow.
明日寝過ごしそうで怖いな。

I'm afraid ~.

あいにく～／残念ながら～

□ ① あいにくご利用可能なフライトはありません。

□ ② 残念ですが、お断りしないといけません。

□ ③ あいにく時間がありません。

□ ④ 残念ながら今日は時間がなさそうです。

□ ⑤ あいにく行かなければなりません。

□ ⑥ あいにく明日は仕事を休めません。

□ ⑦ 残念ですが、これを受け入れることはできません。

□ ⑧ あいにく鍵をどこかに置き忘れてしまったようです。
　　ヒント：置き忘れる＝ misplace

□ ⑨ あいにく日程を調整し直さなければなりません。

□ ⑩ 会議中に居眠りしそうで怖い。
　　ヒント：居眠りする＝ doze off

① **I'm afraid** there are no flights.

② **I'm afraid** I'll have to say no.

③ **I'm afraid** I don't have time.

④ **I'm afraid** we're out of time today.

⑤ **I'm afraid** I have to go.

⑥ **I'm afraid** I can't take tomorrow off.

⑦ **I'm afraid** I can't accept this.

⑧ **I'm afraid** I've misplaced my keys.

⑨ **I'm afraid** we'll have to reschedule.

⑩ **I'm afraid** I'll doze off during the meeting.

12

I'm glad ~.

~でよかった／~でうれしいです

基本フレーズ

I'm glad I could help.
お役に立ててうれしいです。

---

glad は喜びの中でも、特にほっとした気持ち、何かがうまくいってうれしいという気持ちを表します。例えば、**I'm glad you came.**（来てくれてうれしいです＝よく来てくれました）と言うと、会えてうれしい気持ちと、相手が無事に来られてほっとしたという気持ちが伝わります。

注意！

meet には「初めて会う」という意味がありますので、**I'm glad to meet you.**（お会いできてうれしいです）は初対面のときだけに使うあいさつになります。二度目以降は **I'm glad to see you again.**（再会できてうれしいです）のように言います。

プラス
アルファ

誰かが遊びにきてくれたときに、うれしい気持ちを表して、**I'm so glad you came.** というフレーズを使います。「よく来てくれました」「いらっしゃい」というニュアンスです。

このパターンでこんなことが言えます！

I'm glad to see you (again).
お会いできて（また会えて）うれしいです。

I'm glad things worked out so well.
うまくいってほっとしています。

I'm glad to hear that you are well.
お元気そうで何よりです。

I'm glad you got a promotion.
昇進してよかった。

I'm glad for your .
それはよかったね。

I'm glad you could join us today for the meeting.
本日は会議にご参加いただき、うれしく思います。

I'm glad the project was a success.
プロジェクトが成功してよかった。

I'm glad to hear that.
それを聞いてよかった。

I'm glad to hear you're okay.
あなたが無事でよかった。

I'm glad ~.

～でよかった／～でうれしいです

□ ① お電話いただけてうれしいです。

□ ② 戻ってきてくれてよかった。

□ ③ あなたのご成功をうかがって大変うれしく思います。

□ ④ お目にかかれて大変うれしいです。

□ ⑤ あなたみたいな同僚がいてよかった。
　　ヒント：同僚＝ colleague

□ ⑥ あなたに会えてよかった。

□ ⑦ 天気が良くてよかった。

□ ⑧ クライアントがこちらの提案を気に入ってくれてよかったです。

□ ⑨ あなたと知り合いになれてよかった。
　　ヒント：～と知り合いになる＝ make someone's acquaintance

□ ⑩ このような結果になってよかった。

① **I'm glad** you called me.

② **I'm glad** you're back.

③ **I'm glad** to hear of your success.

④ **I'm very glad** to see you.

⑤ **I'm glad** to have a colleague like you.

⑥ **I'm glad** to meet you.

⑦ **I'm glad** the weather is nice.

⑧ **I'm glad** the client liked our ideas.

⑨ **I'm glad** to make your acquaintance.

⑩ **I'm glad** it turned out this way.

13

I / We should've ~.

～すべきでした

基本フレーズ

I should've apologized right away.
すぐに謝るべきでした。

---

should've は **should have** の略。**I/We should've** のあと
に過去分詞を続けて、「～すべきだった」「～しておくべき
だった」と、すべきことをしなかったことへの後悔の気持
ちを表す表現です。個人的に反省しているときは I を主語
に、会社的に反省すべき点などを述べるときは We を主語
にします。

**プラス
アルファ**

I should've known. は直訳で「知っておくべきだった」という
意味で、何か情報や知識が足りずに失敗してしまったときや、ちょっ
としたことを見落としてしまったときなどに、「それは知らないと
いけなかった」「見逃すなんて私がバカだった」と後悔の気持ちを
表すために使うフレーズです。

I should've consulted with you.
あなたに相談するべきでした。

I should've sent it yesterday.
昨日発送するべきでした。

I should've told you about it sooner.
すぐに報告するべきでした。

I should've told you about the situation first.
事情を先にお伝えすべきでした。

We should've gotten insurance for the forklift.
フォークリフトに保険をかけておくべきでした。

I should've gone to the bathroom.
トイレに行っておけばよかった。

I should've worn a suit.
スーツを着てくるべきだったな。

I should've been more careful.
もっと注意するべきだった。

I should've verified the deadline first.
最初に締切日を確認しておけばよかった。

I / We should've ~.

～すべきでした

□ ① 予約するべきでした。

□ ② あなたに最初に尋ねるべきでした。

□ ③ もっと早くオフィスを出るべきでした。

□ ④ もっと詳しくご説明するべきでした。

□ ⑤ 謝るべきだった。

□ ⑥ もっとお金を持ってくればよかった。

□ ⑦ もっと従業員を雇っておくべきでした。

□ ⑧ 契約書のダブルチェックをすべきでした。

□ ⑨ もっと早く寸法を補正すべきでした。
　　　ヒント：寸法＝ dimension

□ ⑩ すぐに顧客に謝りに行くべきでした。

---

① **I should've** made reservations.

② **I should've** asked you first.

③ **I should've** left the office sooner.

④ **I should've** explained things in more detail.

⑤ **I should've** apologized.

⑥ **I should've** brought more money.

⑦ **We should've** hired more employees.

⑧ **We should've** double-checked the contract.

⑨ **We should've** revised the dimensions sooner.

⑩ **We should've** visited the customers immediately to apologize.

I/ We shouldn't have ~.

～しなければよかった

基本フレーズ

I shouldn't have asked her.

彼女に聞くべきじゃなかった。

---

shouldn't は should not の略。I/ We shouldn't have ~.
は、「～しなければよかった」という意味で、自分や自社の
してしまったことへの反省、後悔の念を表すときのフレー
ズです。

パターントレーニング

□ ① 彼に聞くべきじゃなかったな。

□ ② あれは食べないほうがよかったな。

□ ③ 確かめずにそれを送るべきではなかった。

□ ④ 彼女の忠告を無視すべきではありませんでした。

□ ⑤ 生産部長を解雇すべきではありませんでした。
　　ヒント：生産部長＝ production manager

このパターンでこんなことが言えます！

I shouldn't have done that.
あんなことするんじゃなかった。

I shouldn't have said that.
あんなこと言わなければよかった。

We shouldn't have allowed the meeting to run so long.
会議をあんなに長引かせるべきではなかった。

We shouldn't have done business with that company.
あの会社と取引すべきではなかった。

---

① **I shouldn't have** asked him.

② **I shouldn't have** eaten that.

③ **I shouldn't have** sent it without checking.

④ **We shouldn't have** ignored her advice.

⑤ **We shouldn't have** fired our production manager.

14

Would you like to ~?

~がしたいですか？

基本フレーズ

Would you like to see the draft?

下書きをご覧になりたいですか？

Would you like to ~? は、**Would you like to come with us?**（私たちと一緒に来たいですか？）のように誰かを誘ったり、相手の希望や意思を尋ねるときの丁寧なフレーズです。**like** のあとに **me** が入ると、「私に～してほしいですか？」、つまり「（私が）～しましょうか？」という意味になります。

例）**Would you like me to copy these?**

（コピーをとりましょうか？）

プラス
アルファ

What would you like to eat? のように、頭に疑問詞を使ったフレーズもバリエーションとして覚えておくと便利です。**Where would you like to go?**（どこへ行きたいですか？）、**How would you like to pay?**（お支払いはどうされますか？）など、幅広く応用できます。

このパターンでこんなことが言えます！

Would you like to sit down?
おかけになりませんか？

Would you like to hold?
（電話で）切らずにお待ちになりますか？

Would you like to see our factory?
当社の工場を見学しませんか？

Would you like to add anything?
何か付け加えたいことはありますか？

Would you like to go home now?
もう帰りましょうか？

Would you like to have a seat?
（電車の中で席を譲るときなどに）おかけになりますか？

Would you like to meet Ms. Smith?
（人を紹介するときなどに）スミスさんに会いますか？

Would you like to step outside?
やるならやろうじゃないか！
＊けんかを吹っ掛けるときのセリフで表へ出ろ、というニュアンス

Would you like me to send you an estimate?
お見積りをお送りしましょうか？

Would you like to ~?

～がしたいですか?

- ☐ ① 会議に参加しませんか?

- ☐ ② 下書きをチェックされますか?

- ☐ ③ ご伝言を残されますか?

- ☐ ④ 契約書の最終版をご覧になりますか?
   ヒント:契約書の最終版= finalized contract

- ☐ ⑤ 会議のあとに食事でも行きませんか?

- ☐ ⑥ 彼女のメールを転送しましょうか?

- ☐ ⑦ メニューをご覧になりますか?

- ☐ ⑧ コーヒーを飲みましょうか?

- ☐ ⑨ もう1部コピーが必要ですか?

- ☐ ⑩ 支払いを今しますか、それとも後にしますか?

① **Would you like to** join the meeting?

② **Would you like to** check the draft?

③ **Would you like to** leave a message?

④ **Would you like to** see the finalized contract?

⑤ **Would you like to** have dinner after the meeting?

⑥ **Would you like me to** forward her e-mail to you?

⑦ **Would you like to** see a menu?

⑧ **Would you like to** have some coffee?

⑨ **Would you like to** have an extra copy?

⑩ **Would you like to** settle your bill now or later?

Would you like ~?

~はいかがですか?

Would you like tea or coffee?
コーヒーかお茶はいかがですか?

Would you like ~? は、~の部分に名詞を入れて、「~はいか
がですか?」と相手に何かを勧めるときに使うパターンです。

パターントレーニング

□ ① チョコレートはいかがですか?

□ ② 緑茶のお代わりはいかがですか?

□ ③ もう少しいかがですか?

□ ④ デザートにアップルパイはどうですか?

□ ⑤ 乗っていきませんか?

Would you like some more?
お代わりいかがですか？

Would you like one?
おひとつどうぞ。

Would you like something to drink?
何か飲みますか？

Would you like something sweet?
甘いものでもいかがですか？

① **Would you like** some chocolate?

② **Would you like** some more green tea?

③ **Would you like** a little more?

④ **Would you like** apple pie for dessert?

⑤ **Would you like** a ride?

15

Why don't you ~?

～したらどうですか？

基本フレーズ

Why don't you think it over?
考え直したらどう？

直訳では「あなたはどうして～しないの？」ですが、「～したらどう？」と相手に提案するときに使います。**How about ~?** に比べて、口語的で、親しい相手に使うイメージです。また、**How about ~?** が「結果はわからないけれども試してみたら？」というニュアンスなのに対し、**Why don't you ~?** は「～したほうがいいと思うけど、どう？」という自信ありのニュアンスになります。

プラス
アルファ

自分も含めて「～しない？」「～でもしようか？」と提案したいときは、**Why don't we start from 5:00?**（5時スタートでどう？）のように **you** を **we** にします。断られても気にしない程度の提案をするときに使います。後掲の関連パターンで、使えるフレーズをさらに紹介します。

このパターンでこんなことが言えます！

Why don't you complain?
文句を言ったら？

Why don't you take a nap?
昼寝したらどう？

Why don't you try a yoga class?
ヨガを習ってみたら？

Why don't you ask for a transfer?
異動を申し出たらどうですか？

Why don't you ask Rick for advice?
リックにアドバイスを求めたらどう？

Why don't you invite Tom?
トムも誘ったら？

Why don't you go home early today?
今日は早退したらどう？（体調が悪そうな同僚に）

Why don't you ask Tom to help?
トムに手伝ってもらったらどう？

Why don't we take a break now?
今から休憩しませんか？

Why don't you ~?

~したらどうですか？

□ ① みんなに聞いてみなよ。

□ ② 上司に聞いてみたら？

□ ③ うちのオフィスに来ない？

□ ④ 2～3日休んだら？

□ ⑤ 転職したら？

□ ⑥ 法務部に相談してみたらどう？
　　　ヒント：法務部＝ legal department

□ ⑦ 少し値引きしたらどう？

□ ⑧ 今回は私に払わせてよ。

□ ⑨ 浅草寺を訪れたらいかがでしょう？

□ ⑩ ジョシュの歓迎会をしませんか？
　　　ヒント：歓迎会＝ welcoming party

① **Why don't you** ask everyone?

② **Why don't you** ask your boss?

③ **Why don't you** come to my office?

④ **Why don't you** take a few days off?

⑤ **Why don't you** change jobs?

⑥ **Why don't you** consult the legal department?

⑦ **Why don't you** lower the price a little?

⑧ **Why don't you** let me pay this time?

⑨ **Why don't you** visit Sensoji Temple?

⑩ **Why don't we** have a welcoming party for Josh?

Why don't we ~?

~しませんか?

基本フレーズ

Why don't we have a picnic?
ピクニックをしませんか?

Why don't we ~? は、「~しない?」「~でもしようか?」と
思いつきを述べるフレーズです。96 ページの「プラスアル
ファ」で触れたとおり、断られても気にしない程度の提案を
するときに使います。

96 ページ

パターントレーニング

☐ ①**パーティーしようか?**

☐ ②**アイスクリームを食べにいきませんか?**

☐ ③**この商品の割引をしませんか?**

☐ ④**一度立ち止まって、考え直しませんか?**

☐ ⑤**(会議などで)明日は早めに始めませんか?**

〈 **このパターンでこんなことが言えます！** 〉

Why don't we go for a walk?
散歩に行きませんか？

Why don't we take a break now?
今から休憩しませんか？

Why don't we take a group photo here?
ここで集合写真を撮りませんか？

Why don't we give it a try?
試しにやってみませんか？

---

① **Why don't we** have a party?

② **Why don't we** go out for ice cream?

③ **Why don't we** offer a discount on this product?

④ **Why don't we** stop and think this through?

⑤ **Why don't we** get an early start tomorrow?

16

How about ~?

～はどうでしょうか？

基本フレーズ

How about taking a break here?
ここらへんで休憩しませんか？

How about ~? で「～はどうですか？」と相手に尋ねるときのフレーズです。**How about tomorrow?**（明日なんてどうでしょう？）のように使います。また、**How about having coffee?**（コーヒーでも飲みませんか？）のように **How about** 動詞＋ing？にすると、「～するのはどうでしょうか？」と相手に軽く提案するフレーズになります。

プラス
アルファ

How about ～？と Why don't you ～？を、ネイティブは微妙に使い分けています。Why don't you ～？は、自分の経験に基づき、「そうしたほうがいいよ」というニュアンスで、勧めた結果に自信があるときに使います。一方、How about ～？は「結果はわからないけれども試してみたら？」と軽く提案するイメージです。

このパターンでこんなことが言えます！

How about rebooting the server?
サーバを再起動したらどうでしょうか？

How about waiting until later?
あともう少し待ちませんか？

How about meeting at 3:30 instead of 3:00?
会議は、3時からではなく3時半からにしてはどうでしょう？

How about confirming it just to be sure?
念のために確認をしてはどうでしょうか？

How about a drink?
飲みに行かない？

How about hiring a temp?
派遣社員を雇ってはどうでしょうか？

How about revising the first section?
最初の部分を修正してはどうでしょうか？

How about waiting for a few weeks?
数週間待ってみませんか？

How about you?
あなたはどう思いますか？　＊相手に意見を求めるときに。

How about ~?

~はどうでしょうか？

□ ① 日本料理はどうですか？

□ ② デザインを変更してみてはどうでしょうか？

□ ③ 会議の日時を改めてはどうでしょうか？

□ ④ 月に一度会議を開くのはどうでしょう？

□ ⑤ 請求書を再発行してはいかがですか？
　　ヒント：再発行する＝ reissue

□ ⑥ これをこちらに動かしてはどうでしょうか？

□ ⑦ クライアントに夕食でもごちそうしてはいかがでしょう？

□ ⑧ サプライズパーティーなんてどうでしょうか？

□ ⑨ セールになるまで待ってはどうでしょうか？

□ ⑩ プレゼンの日を改めてはどうでしょうか？

① **How about** Japanese food?

② **How about** changing the design?

③ **How about** rescheduling the meeting?

④ **How about** having a monthly meeting?

⑤ **How about** reissuing the invoice?

⑥ **How about** moving this over here?

⑦ **How about** taking the client out for dinner?

⑧ **How about** a surprise party?

⑨ **How about** waiting until they go on sale?

⑩ **How about** rescheduling the presentation?

17

Let's ~.

～しましょう

基本フレーズ

Let's change the subject.
話題を変えましょう。

「～しましょう」「～しよう」と提案するときのパターンです。Shall we ～?も同意表現ですが、「～しませんか?」と相手の意向をうかがうニュアンスがあるのに対し、**Let's ~** は相手が承諾してくれるのを前提に聞くニュアンスです。また、命令をソフトにしたいときに、**Let's use this application.**（このアプリケーションを使おう＝使いなさい）のような言い方もできます。

プラス
アルファ

Let's not. は、きっぱりしていながらキツく聞こえない便利な断り表現。「やめておこう」というニュアンスです。また、日本人が使いがちな Let's try! はネイティブには不自然。**Let's give it a try!** と言います。

このパターンでこんなことが言えます！

Let's get started.
そろそろ始めましょう。

Let's take our time.
ゆっくりやりましょう。

Let's get down to business.
本題に入りましょう。

Let's make a backup of that data.
バックアップを取っておきましょう。

Let's think about it another way.
別の考え方もしてみましょう。

Let's summarize what we went over.
そろそろまとめましょう。

Let's compare the two plans.
2つのプランを比べてみましょう。

Let's take a vote.
決を採りましょう。

Let's meet back here at 5:00.
ではまた5時にここで落ち合いましょう。

Let's ~.

～しましょう

□ ① 休憩しましょう。

□ ② もっと慎重に考えましょう。
　　ヒント：慎重に = carefully

□ ③ まず上司に聞いてみましょう。

□ ④ この会議を6時までに終わらせるようにしましょう。

□ ⑤ まずお互いの自己紹介から始めましょう。

□ ⑥ 良い点と悪い点を見てみましょう。

□ ⑦ ランチを食べましょう。

□ ⑧ 数分待ちましょう。

□ ⑨ 自分に正直になりましょう。

□ ⑩ 様子を見ましょう。

① **Let's** take a break.

② **Let's** think more carefully.

③ **Let's** ask our boss first.

④ **Let's** try to finish this meeting by 6:00.

⑤ **Let's** begin by introducing ourselves.

⑥ **Let's** look at the pros and cons.

⑦ **Let's** have lunch.

⑧ **Let's** wait a few minutes.

⑨ **Let's** be honest with ourselves.

⑩ **Let's** wait and see.

18

Let me ~.

～させてください

基本フレーズ

Let me introduce myself.
自己紹介をさせてください。

Let me ~ は「私に～させてください」という意味の表現です。**Can I ~?** や **May I ~?** も同じく許可を求める表現ですが、「～してもいいですか？」と相手に決定権をゆだねている感じです。それに対し、**Let me~** は「～させてね」と実行することを前提に相手に提案するニュアンスです。それでいて失礼には聞こえないので、使い方をマスターすると便利です。

プラス
アルファ

何か質問されて、すぐに答えられないようなとき、日本語の「え～と」「そうですね～」に当たるのが **Let me see…** です。これを使うと、自然に時間稼ぎができます。また、答えを求められて、よく考えたいときにネイティブが使うのが **Let me sleep on it.** というフレーズです。「よく考えさせてください」という意味です。

このパターンでこんなことが言えます！

Let me ask you a few questions.
いくつか質問をさせてください。

Let me carry your bags.
カバンを持ちましょう。

Let me buy you a drink.
一杯おごらせてください。

Let me show you some samples.
サンプルをいくつかお見せしましょう。

Let me know what I can do.
私に何ができるか教えてください＝手伝わせてください。

Let me make sure I understand.
私がちゃんと理解しているかどうか確認させてください。

Let me discuss this with my superiors.
この件に関しては上司と相談させてください。

Let me think about this for a minute.
ちょっと考える時間をください。

Let me take you to the conference room.
会議室へご案内いたします。

□ ① 私に説明させてください。

□ ② お手伝いさせてください。

□ ③ 私が戸締りをします。

□ ④ ひとつ提案させてください。

□ ⑤ 上司に確認させてください。

□ ⑥ どうやればいいか私がお見せしますね。

□ ⑦ 私の提案について言わせてください。

□ ⑧ 手伝わせてください。

□ ⑨ 言い直させてください。
　　　ヒント：言い直す＝ rephrase

□ ⑩ 昨日のふるまいについて謝罪させてください。

① **Let me** explain.

② **Let me** help you.

③ **Let me** lock up.

④ **Let me** make one suggestion.

⑤ **Let me** check with my supervisor.

⑥ **Let me** show you how to do it.

⑦ **Let me** tell you about my proposal.

⑧ **Let me** give you a hand.

⑨ **Let me** rephrase that.

⑩ **Let me** apologize for my behavior yesterday.

Please let me know if ~.

～であればお知らせください

基本フレーズ

Please let me know if there are any problems.

何か問題があればお知らせください。

let me know で「教えてください」という意味ですので、
Please let me know if ~. で「if 以下だったら、ぜひ教えてく
ださい」という意味になります。「どうか遠慮なく言ってくださ
い（知らせてください）」と丁寧に申し出るときのフレーズです。

パターントレーニング

☐ ① 助けが必要であればお知らせください。

☐ ② お疲れでしたらお知らせください。

☐ ③ 気が変わったら教えてください。

☐ ④ 私にできることがあればお知らせください。

☐ ⑤ 弊社の商品に不備があればお知らせください。

> ## このパターンでこんなことが言えます！

Please let me know if you are interested.
ご興味がおありでしたらご連絡ください。

Please let me know if anything changes.
何か変更があればお知らせください。

Please let me know if you will be late.
遅れる場合はご連絡ください。

Please let me know if you have any further questions.
他にご不明点などございましたらお知らせください。

---

① **Please let me know if** you need any help.

② **Please let me know if** you're tired.

③ **Please let me know if** you change your mind.

④ **Please let me know if** there's anything I can do.

⑤ **Please let me know if** you are unhappy with our product.

19

How was ~?

～はどうでしたか？

基本フレーズ

How was the meeting?
ミーティングはどうでしたか？

How was ~? は、was のあとに出来事やイベントを続けて、「～はどうでしたか？」と **yes/no** では答えられないような「感想」を求めるときの表現です。感想を聞く対象が **holidays** のように複数形になるときは、**How were** になるので気をつけましょう。**How was it?** で「どうだったの？」と相手の話へのあいづちとしてよく使います。

プラスアルファ

「～はお元気ですか／～の調子はいかがですか？」などと、人の状況や調子を尋ねるときは **How is your family?**（ご家族は変わりない？）のように現在形にします。**How's it going?** はあいさつの定番フレーズです。

このパターンでこんなことが言えます！

How was your weekend?
週末はいかがでしたか？

How was your business trip to Europe?
ヨーロッパへの出張はどうでしたか？

How was the hotel?
ホテルはどうでしたか？

How was the interview?
面接はどうでしたか？

How was your flight?
飛行機はどうでした？　＊飛行機で到着したばかりの人によく聞くフレーズ。

How were your sales visits last week?
先週の営業訪問はどうでしたか？

How were the results of the survey?
アンケートの結果はどうでしたか？

How were your June sales?
６月の御社の売り上げはいかがでしたか？

How were our sales figures last quarter?
前期の我々の売上高はどうでしたか？

How was ~?

~はどうでしたか？

□ ① ジェームスのスピーチはどうでしたか？

□ ② 彼らのプレゼンはどうでしたか？

□ ③ ＡＢＣ社との初めての打ち合わせはどうでしたか？

□ ④ 仕事はどうでしたか？

□ ⑤ サービスはどうでしたか？

□ ⑥ 彼の新刊本はどうでしたか？

□ ⑦ インドネシアでの休暇はどうでしたか？

□ ⑧ 息子さんの学校初日はどうでしたか？

□ ⑨ 今朝の（ここに来るまでの）交通状況はどんなでしたか？

□ ⑩ 今期の我が社の業績はどうでしたか？

① **How was** James' speech?

② **How was** their presentation?

③ **How was** the first meeting with ABC?

④ **How was** work?

⑤ **How was** the service?

⑥ **How was** his latest book?

⑦ **How was** your holiday in Indonesia?

⑧ **How was** your son after his first day of school?

⑨ **How was** traffic on the way here this morning?

⑩ **How was** our performance this quarter?

How's (the) ~ going?

~はどうなっていますか?

基本フレーズ

How's the project **going?**
あの企画はどうなってます?

How's (the) ~ going? は、何か進行中のものに関して進捗具合を聞くときのフレーズです。最後に **going?** がつくことにより「~はどんな感じ?」とソフトに伝わります。~に入る部分が複数であれば、**How are ~ going?** となります。

パタートレーニング

□ ① 旅行の準備はどんな感じですか?

□ ② 旅程の計画はどうなってますか?
   ヒント:旅程の計画= itinerary planning

□ ③ パスポート申請はどうなってますか?
   ヒント:パスポート申請= passport application

□ ④ 建設プロジェクトはどうなってますか?

□ ⑤ 本の進み具合はどうなってますか?

How's your packing **going**?
荷造りはどうなってますか？

How's your homework **going**?
宿題はどうなってますか？

How's your new job **going**?
新しい会社での仕事はどうですか？

How's living by yourself **going**?
一人暮らしはどんな感じですか？

①**How's** your preparation for your trip **going?**

②**How's the** itinerary planning **going?**

③**How's** your passport application **going?**

④**How's the** construction project **going?**

⑤**How's** your book **progressing?**
＊ going の代わりに progressing や coming along を入れてもOK。

20

It depends on ~.

～次第ですね

基本フレーズ

It depends on the first-day sales figures.
初日の売れ行き次第です。

---

depend on~ は「～によって決まる」という意味ですので、**It depends on ~.** で「～次第」という意味になります。**on** 以下の状況や内容次第で結果や今後の行動が変わってくる、というときに使います。**What about the time?**（時間どうする？）などと聞かれ、「あなたが決めていいよ」と言いたいときには、**It depends on you.**（あなた次第です）という言い方をします。

プラス
アルファ

It depends. だけでも「それは状況次第ですね」という意味でよく使われます。ほかに **That all depends.** もよく使われる表現です。即決できないことを聞かれて、**That depends…**と濁して使うこともあります。

このパターンでこんなことが言えます！

It depends on the deadline.
締め切り次第ですね。

It depends on our budget this year.
今年の予算次第です。

It depends on what the president thinks.
社長の意向次第ですね。

It depends on the outcome of the meeting.
それは会議の結果次第ですね。

It depends on the client's expectations.
それはクライアントの希望によりますね。

It depends on how many people come.
何人来るかによりますね。

It depends on how much it costs.
費用がどれくらいかによりますね。

It depends on what you want to do.
あなたが何をしたいか次第ですね。

It depends on the terms and conditions.
契約条件次第ですね。

It depends on ~.

～次第ですね

□ ① あなたの予定次第ですね。

□ ② 日によります。

□ ③ 会社の士気次第ですね。
　　　ヒント：士気＝ morale

□ ④ ご注文数によります。

□ ⑤ いつまでにご注文いただけるかによります。

□ ⑥ それは交渉の結果次第ですね。

□ ⑦ ユーザーの能力レベル次第ですね。

□ ⑧ あなたがどう感じるかによりますね。

□ ⑨ あなたがどのくらい興味があるかによりますね。

□ ⑩ あなたが何をしたいか次第ですね。

---

① **It depends on** your schedule.

② **It depends on** the day.

③ **It depends on** the company's morale.

④ **It depends on** the volume of orders.

⑤ **It depends on** when the order is received.

⑥ **It depends on** how the negotiations go.

⑦ **It depends on** the ability level of the user.

⑧ **It depends on** how you feel.

⑨ **It depends on** what your interests are.

⑩ **It depends on** what you want to do.

21

It seems ~. / It looks ~.

～みたいだね

基本フレーズ

It seems to be getting better.
よくなってきているみたいだね。

It seems ~. は「どうやら～のようです」「～みたいですね」
という意味で、**It seems that he's busy.**（彼は忙しいみ
たいですね）のように、状況や自分の見た印象、感触など
を伝えるときに使うフレーズです。また **It seems to be
an unrealistic plan.**（現実的なプランではなさそうです
ね）のように、自分の言葉が威圧的にならないようにした
いときにも使います。より口語的な言い方をしたいときや、
あとに名詞が続く場合は、like をつけて **It seems like it's
going to rain.**（雨が降りそうだ）といった言い方もします。

プラス
アルファ

It seems ~は断言を避けるときにも使えます。たとえば、**You're
always late.** と言うと「いつも遅刻ばかりだね」と決めつけた言
い方ですが、**It seems you're always late.** であれば「勘違いか
もしれないけど」というニュアンスが含まれます。

このパターンでこんなことが言えます！

It seems to be getting worse.
状況は悪化しているみたいですね。

It seems to be working now.
（機械などが）今は調子がいいみたいだね。

It seems to be growing in demand.
需要が伸びているみたいだね。

It seems it's settled.
話がまとまったようですね。

It seems that shop has already closed.
そのお店はもう閉まってしまったようですね。

It seems that they are not satisfied.
彼らは満足していないようですね。

It seems there is a mistake in the invoice.
請求書に間違いがあるようです。

It seems to be getting more expensive.
もっと値段が上がりそうですね。

It seems like a promising market.
有望市場みたいだね。　＊ looks でもOK。

It seems ~ / It looks ~.

～みたいだね

□ ① 今月は忙しくなりそうですね。

□ ② 我々は深刻なミスを犯してしまったようです。

□ ③ 彼はいつも文句を言っているみたいです。

□ ④ 何か問題を抱えているみたいですね。

□ ⑤ 売り上げノルマは達成できそうです。

□ ⑥ 価格が高くなってきているみたいだね。

□ ⑦ 今日はとても混んでいるみたいだね。

□ ⑧ いつもより長くかかっているみたいだね。

□ ⑨ 簡単な仕事みたいだね。

□ ⑩ ここからは歩かなきゃいけないみたいだね。

① **It seems** that this will be a busy month.

② **It seems** that we've made a serious mistake.

③ **It seems** like he's always complaining.

④ **It seems** to be having some problems.

⑤ **It seems** we will be able to meet our sales quotas.

⑥ **It seems** to be getting more expensive.

⑦ **It seems** to be really crowded today.

⑧ **It seems** to be taking longer than normal.

⑨ **It seems** like an easy job.　＊looks でもＯＫ。

⑩ **It looks** like we have to walk from here.

It should be ~.

~にちがいない

基本フレーズ

It should be a nice hotel.

いいホテルにちがいない。

---

should は「〜なはずだ」「〜だろう」という意味ですので、
It should be ~ で現時点での自分の予測や推量を述べるとき
に使います。また、予測と違うことが起きたときに「たぶん
〜なはずなんだけど」という意味でも使います。

パタートレーニング

□ ① **おもしろいツアーになるにちがいない。**

□ ② **すばらしい経験になるにちがいない。**

□ ③ **昨日より暖かくなるにちがいない。**

□ ④ **週末までには終わるにちがいない。**

□ ⑤ **この時期はきっときれいですよ。**

⟨ **このパターンでこんなことが言えます！** ⟩

It should be fun.
きっと楽しいにちがいない。

It should be here by Monday.
（荷物は）月曜日までにここに到着するにちがいない。

It should be ready for you by 3:00.
（部屋は）3時までには用意できるはずです。

It should be done next week.
来週には終わるんじゃないかな。

---

① **It should be** an interesting tour.

② **It should be** a great experience.

③ **It should be** warmer than yesterday.

④ **It should be** finished by the end of the week.

⑤ **It should be** beautiful this time of year.

22

Make sure you ~.

必ず~するようにしてください

基本フレーズ

Make sure you call Mr. Watson back.
必ずワトソンさんに折り返し電話してください。

---

sure は「確信している」という意味ですので、**Make sure you ~** で「必ず~してね」と、相手に念を押すときに使えます。**Make sure** のあとは **you** だけではなく、**Make sure Mike does his homework.**（マイクに必ず宿題させてね）というように、「必ず（人）が~するようにね」=「必ず（人）に~させて」というかたちでも使えます。

プラス
アルファ

相手に忘れずにしてほしいことを伝えるときの表現として、ほかに **Don't forget to ~.**「~を忘れないでください」もよく使います。
例）**Don't forget to call her back.**
（彼女に折り返し電話するのを忘れないで）

このパターンでこんなことが言えます！

Make sure you get the receipt.
領収書を必ずもらってください。

Make sure you call him.
彼に必ず電話してください。

Make sure you don't miss the deadline.
締め切りに絶対に遅れないようにしてください。

Make sure you cc everyone in the e-mail.
必ずみんなを cc に入れてください。

Make sure you turn off your computer.
必ずパソコンの電源を落としてください。

Make sure you give them your business card.
必ず先方に名刺を渡してください。

Make sure you inform me.
必ず私に知らせるようにしてください。

Make sure you don't forget.
絶対に忘れないでね。

Make sure you come on time.
必ず時間通りに来てください。

Make sure you ~.

必ず~するようにしてください

□ ① 必ず出席してください。

□ ② 必ず返却してください。

□ ③ 必ずまず上司に聞いてくださいね。

□ ④ 絶対に遅れないようにしてください。

□ ⑤ 必ず時間通りに着くようにしてください。

□ ⑥ 必ず上司のサインをもらってください。

□ ⑦ 必ずガイドラインに従ってください。

□ ⑧ 必ず十分なお金を持っていてください。

□ ⑨ 必ず彼がその手順をわかるようにしてください。
　　ヒント：手順＝ procedure

□ ⑩ 必ず彼に伝えてください。

① **Make sure you** attend.

② **Make sure you** return it.

③ **Make sure you** ask your boss first.

④ **Make sure you**'re not late.

⑤ **Make sure you** get there on time.

⑥ **Make sure you** get your boss's signature.

⑦ **Make sure you** follow the guidelines.

⑧ **Make sure you** have enough money.

⑨ **Make sure he** knows the procedure.

⑩ **Make sure you** tell him.

23

You can ~, if you want.

もしよければ～してください

― 基本フレーズ ―

You can eat more, **if you want.**
もしよければもっと食べて。

「（あなたが）そうしたいなら、どうぞそうしてください」
と促すときのひと言です。**You can come, if you want.** と
「気が向いたら来てね」という使い方もよくします。

プラス
アルファ

反対に「したくなければしなくていい」と言いたいときは、You
don't have to ～ , if you don't want to. というパターンが使え
ます。
例) **You don't have to make a contribution, if you don't
want to.**
（いやなら寄付は無理にしなくていいですよ）

このパターンでこんなことが言えます！

You can keep that document**, if you want**.
よければその資料をお持ち帰りください。

You can think it over**, if you want**.
よければよく考えてください。

You can come early**, if you want**.
よければ早めにいらしてください。

You can e-mail me over the weekend**, if you want** to ask anything.
何か聞きたいことがあったら週末にでもメールしてください。

You can join us**, if you want**.
よければ参加してね。

You can stay a while**, if you want**.
よければしばらくいて。

You can take more time**, if you want**.
よければもっと時間をかけてください。

You can talk to me about it**, if you want**.
よければ話してみて。

You don't have to go**, if you don't want to**.
無理して行く必要はないよ。

You can ~, if you want.

もしよければ~してください

□ ① よければご提案ください。

□ ② よければ私のマニュアルを使ってください。

□ ③ よければ私のＵＳＢメモリを使ってください。
　　ヒント：ＵＳＢメモリ＝ USB pen drive

□ ④ よければその件については彼にメールしておいてください。

□ ⑤ よければ我がチームにご参加ください。

□ ⑥ 窓を開けたければ開けてください。

□ ⑦ よければ毎日使ってください。

□ ⑧ 早めにチェックインできますよ。

□ ⑨ 行きたくなければお寺へは行かなくていいですよ。

□ ⑩ 食べたくなければ全部食べなくてもいいんですよ。

① **You can** make suggestions, **if you want.**

② **You can** use my manual, **if you want.**

③ **You can** borrow my USB pen drive, **if you want.**

④ **You can** e-mail him about it, **if you want.**

⑤ **You can** join our group, **if you want.**

⑥ **You can** open a window, **if you want.**

⑦ **You can** use it everyday, **if you want.**

⑧ **You can** check in early, **if you want.**

⑨ **You don't have to** go to the temple, **if you don't want to.**

⑩ **You don't have to** eat everything, **if you don't want to.**

24

What if ~?

もし〜だったらどうしよう？

基本フレーズ

What if it rains?

もし雨が降ったらどうしよう？

What if ~? には、主に 2 通りの使い方があります。ひとつは基本フレーズのように「もし〜だったらどうしよう？」という使い方。また、**What if I were to offer you a million dollars?**（もし 100 万ドルあげるとしたらどうする？）のように、「〜だったらどうする？」という意味で仮定の話や妄想を語るときにも使います。

プラスアルファ

What if ～? は、例文のように「〜だったらどうしましょう？」と指示をあおぐほかにも、**What if we work with ABC Company?**（ABC 社と取引してみてはどうでしょうか？）と自分の意見をそれとなく相手に伝えるときにも使えます。

また、**What if** の前に **So** をつけると「〜だとしたら問題ですか？」「〜で悪い？」というやや挑戦的で開き直った言い方になります。

例）**So what if I love junk food?**

（ジャンクフード好きだからって何？）

このパターンでこんなことが言えます！

What if the contract gets canceled?
もし契約を打ち切られたらどうしましょう？

What if they say no?
もしノーと言われたらどうしましょう？

What if they ask for a price cut?
もし値下げを要求されたらどうしましょう？

What if the typhoon hits us?
もし台風がきたらどうしましょう？

What if he wants to reschedule the meeting?
彼が会議のリスケを希望したらどういたしましょう？

What if there aren't any trains?
電車がもうなかったらどうしよう？

What if I get fired?
クビになったらどうしよう？

What if you can't contact me?
もし私と連絡が取れなかったらどうするの？

So **what if** I love manga?
漫画好きですが、何か？

What if ~?

もし~だったらどうしよう？

□ ① 締め切りに間に合わなかったらどうしましょう？

□ ② 誰も興味を示さなかったらどうしましょう？

□ ③ 納期を早められたらどうしましょう？

□ ④ 荷物が予定通り届かなかったらどうしましょう？

□ ⑤ 彼らが我々の契約条件に納得してくれなかったらどうしましょう？

□ ⑥ 彼らが当社に来る途中、迷ってしまったらどうしましょうか？

□ ⑦ 彼が病気になったらどうしましょう？

□ ⑧ 彼らに誤解されたらどうしよう？

□ ⑨ 予想もしないことが起こったらどうしましょう？

□ ⑩ UFOを見たらどうする？

① **What if** we fail to meet the deadline?

② **What if** no one's interested?

③ **What if** the deadline is moved up?

④ **What if** the shipment doesn't arrive on time?

⑤ **What if** they don't agree to our terms?

⑥ **What if** they get lost on the way to our office?

⑦ **What if** he gets sick?

⑧ **What if** they misunderstand me?

⑨ **What if** something unexpected happens?

⑩ **What if** you see a UFO?

Part2
仕事がどんどんはかどる！
大活躍のパターン 20

25

Thank you for ~.

~ありがとうございます

基本フレーズ

Thank you for your cooperation.
ご協力ありがとうございます。

ビジネスでは、相手に常に感謝の気持ちを示すことが、スムーズに取引を進めるコツ。特に欧米人は、ちょっとしたことでもその都度お礼を言います。**Thank you.** を連発するのではなく、このパターンのように具体的にお礼が言えると好印象です。**for** のあとには名詞、もしくは動詞 **+ing** を続けて、相手がしてくれた行為へのお礼を述べることができます。

プラス
アルファ

ほかにビジネスの場でネイティブがよく使うお礼の表現としては、
I appreciate ~ .（~に感謝いたします）があります。感謝の度合いが強く、より丁寧にお礼を言いたいときに使います。
例）**I appreciate all your kindness.**
（ご親切に感謝いたします）

このパターンでこんなことが言えます！

Thank you for your advice.
アドバイスありがとうございます。

Thank you for everything.
いろいろとありがとう。

Thank you for waiting.
（電話で）お待たせいたしました。

Thank you for the other day.
先日はありがとうございました。

Thank you for your time today.
今日はお時間を割いていただき、ありがとうございます。

Thank you for your quick reply.
迅速なお返事、ありがとうございます。

Thank you for your understanding.
ご理解いただき、ありがとうございます。

Thank you for your hard work.
おつかれさまでした。

Thank you very much **for** your offer.
お申し出、どうもありがとうございます。

□ ① メールありがとう。

□ ② お電話ありがとうございます。

□ ③ ご提案ありがとうございます。
　　　ヒント：最善の策＝ suggestion

□ ④ お気遣いありがとうございます。
　　　ヒント：気遣い＝ thoughtfulness

□ ⑤ 月曜日はありがとうございました。

□ ⑥ 値引きしていただき、ありがとうございます。

□ ⑦ 思い出させてくれてありがとう。

□ ⑧ いろいろとサポートしていただき、ありがとうございました。

□ ⑨ ファイルのご送付ありがとうございます。

□ ⑩ フォローしていただき、ありがとうございます。

① **Thank you for** your e-mail.

② **Thank you for** calling.

③ **Thank you for** the suggestion.

④ **Thank you for** your thoughtfulness.

⑤ **Thank you for** Monday.

⑥ **Thank you for** the discount.

⑦ **Thank you for** reminding me.

⑧ **Thank you for** all your support.

⑨ **Thank you for** sending the file.

⑩ **Thank you for** covering for us.

26

Did you ~?

~しましたか？

基本フレーズ

Did you receive my e-mail?
私が送ったメールを受け取りましたか？

Did you ~? は、相手が何かをしたかどうか確認するとき
によく使われる表現です。「〜し終わりましたか？」と何
かを無事やり終えたかどうか聞きたいときは、**Did you
finish** 動詞 + ing? と言います。

また、文頭に **How/Where/Why/When** などの疑問詞を伴
うことで、さらに幅広い表現ができます。

例) **How did you get her phone number?**

（どうやって彼女の電話番号を手に入れたの？）

忙しそうな相手に、「〜できましたでしょうか？」と丁寧に聞きた
いときには、**Did you get/have a chance to ~?** という表現が
おすすめです。
例) **Did you get a chance to read the document?**
（資料をご覧になる時間はありましたか？）

このパターンでこんなことが言えます！

Did you get my message?
私の伝言を聞きましたか？

Did you get permission?
許可は得ましたか？

Did you get in touch with her?
彼女に連絡を取りましたか？

Did you make a profit?
利益はありましたか？

Did you do all this by yourself?
これをすべてあなた一人でやったのですか？

Did you finish talking to John?
ジョンとの話し合いは終わりましたか？

When **did you** start learning Japanese?
日本語はいつから勉強し始めたのですか？

Why **did you** talk to Linda about this?
どうしてそのことをリンダに話したのですか？

Did you have a chance to look over the report?
レポートに目を通す時間はありましたか？

□ ① 携帯電話は見つかりましたか？
　　ヒント：携帯電話＝ cell phone

□ ② 十分なサポートを得られましたか？

□ ③ 何が起きたかサムに話しましたか？

□ ④ 契約書のチェックは終わりましたか？

□ ⑤ プロジェクトはいつ終えたのですか？

□ ⑥ 東京にはいついらっしゃったのですか？

□ ⑦ 彼とは、いつ、どのようにして出会ったのですか？

□ ⑧ その話をどこから聞いたのですか？

□ ⑨ ＡＢＣ社のホワイトさんへはいつ電話したのですか？

□ ⑩ マイクと話す時間はありましたか？

① **Did you** find your cell phone?

② **Did you** get enough support?

③ **Did you** tell Sam what happened?

④ **Did you** finish checking the contract?

⑤ When **did you** finish your project?

⑥ When **did you** come to Tokyo?

⑦ How and when **did you** meet him?

⑧ Where **did you** get that news?

⑨ When **did you** call Mr. White of ABC?

⑩ **Did you** have a chance to talk to Mike?

27

Do you think ~?

~だと思いますか？

基本フレーズ

Do you think he's lying?
彼がうそをついていると思いますか？

相手の意見や意思を確認するときに使うフレーズです。い
きなり疑問をぶつけるよりも、相手に判断をゆだねる丁寧
な印象になります。また、**Do you think I'm wrong?**（私
が間違っているかな？）のように、「～かな？」といったニュ
アンスで不安な気持ちを伝えるときにも使います。

いきなり質問を投げかけると、びっくりされてしまったり、意図が
伝わらなかったりすることがあります。**I have some questions
about ~.**（～について聞きたいことがあるのですが）を先に言うと、
質問されるほうも「～について何か聞かれるんだな」と心の準備が
できて、スムーズに答えてもらいやすくなります。

Do you think he'll come?
彼は来ると思いますか？

Do you think it'll work?
うまくいくと思いますか？

Do you think we can make it?
間に合うと思いますか？

Do you think you can ever forgive me?
あなたは私を許せると思いますか？＝どうか許してください。

Do you think it's going to rain tomorrow?
明日、雨降ると思う？

Do you think you could change the date?
日程を変更していただくことは可能ですか？

Do you think Ken will take the day off today?
ケンは今日休みだと思いますか？

Do you think this meeting will go on any longer?
会議はまだ長引くと思いますか？

Do you think I should apologize to Mr. Lakewood?
私がレイクウッドさんに謝るべきだと思いますか？

Do you think ~?

～だと思いますか？

□ ① これはいいアイデアだと思いますか？

□ ② このプロジェクトはうまくいくと思いますか？

□ ③ 彼らを説得できると思いますか？
　　ヒント：説得する= convince

□ ④ 新しいパソコンを購入すべきだと思いますか？

□ ⑤ 本社へ行きたいと思っていますか？
　　ヒント：本社= head office

□ ⑥ あなたが異動すると思いますか？

□ ⑦ ＡＢＣ社はうちと取引すると思いますか？

□ ⑧ このプランが問題を解決してくれると思いますか？

□ ⑨ これを終わらせる時間が十分あると思いますか？

□ ⑩ ＣＦＯが本当にあのすべてのお金を横領したと思いますか？
　　ヒント：横領する= embezzle

① **Do you think** this is a good idea?

② **Do you think** this project will go well?

③ **Do you think** we can convince them?

④ **Do you think** we should buy new computers?

⑤ **Do you think** that you want to go to the head office?

⑥ **Do you think** you'll get transferred?

⑦ **Do you think** ABC will do business with us?

⑧ **Do you think** this plan will solve the problem?

⑨ **Do you think** we have enough time to finish this?

⑩ **Do you think** the CFO really embezzled all that money?

What do you think about ~?

～についてどう思いますか？

基本フレーズ

What do you think about Tom's opinion?

トムの意見、どう思った？

「～をどう思いますか？」と相手の率直な意見を聞くときに使う表現です。**How do you think** と言う人がいますが、**How** は「手段を問う」ときに使う疑問詞なので「どうしてそういう考えになったのですか？」という別の意味になります。

パタートレーニング

□ ① ボブのこと、どう思いますか？

□ ② 価格についてはどう思いますか？

□ ③ 株式市場についてどう思いますか？

□ ④ 当社のカスタマーサービスについてどう思いますか？

□ ⑤ 新しい事務所に引っ越すことについてどう思いますか？

How do you feel ~? であればＯＫです。

このパターンでこんなことが言えます！

What do you think about Mike's proposal?
マイクの企画、どう思いますか？

What do you think about my presentation?
私のプレゼンをどう思いましたか？

What do you think about our website?
我々のウェブサイトについてどう思われますか？

What do you think about the future of this market?
この市場の今後についてどう思いますか？

① **What do you think about** Bob?

② **What do you think about** the price?

③ **What do you think about** the stock market?

④ **What do you think about** our customer service?

⑤ **What do you think about** moving to the new office?

28

I need ~.

～が必要です／～する必要があります

基本フレーズ

I need this by Monday.
月曜日までにこれが必要です。

I need のあとに名詞がくると「～が必要です」という意味になり、**I need** のあとに「to +動詞」を続けると「～する必要があります＝～しなくてはいけない」という意味になります。**I have to ~.** もほぼ同じ意味で使われますが、必要に迫られてそうしなくてはいけない状態にある場合に使い、話し手のイヤイヤな気持ちが含まれます。一方、**need to** は自分で必要と感じて積極的にしているニュアンスになります。

プラス
アルファ

I need ～ . は、I need to get this report by tomorrow. (明日までにはその報告書が必要です) のように、相手への命令として使うこともあります。You must finish this report by tomorrow. などとダイレクトに言うよりも、相手を圧迫するニュアンスが軽減されます。

このパターンでこんなことが言えます！

I need your signature by Friday.
金曜日までにあなたの署名が必要です。

I need to meet my quota.
ノルマを果たさなくてはいけない。

I need to leave by 5:00.
5時までには出ないといけません。

I need to finish this by tonight.
これを今夜中に終わらせなくてはなりません。

I need to consult with my boss first.
まず上司に相談しないといけません。

I need to speak with someone in sales.
（電話で）営業部の人にお話があります。

I need some time to put together a proposal.
企画書をまとめるのに時間がいくらか必要です。

We need to discuss this with ABC's staff.
ＡＢＣ社のスタッフとこの件について話し合う必要がありますね。

We need the item to be delivered by July 20.
その商品を7月20日までに届けていただく必要があります。

I need ~.

~が必要です／~する必要があります

☐ ① あなたの助けが必要です。

☐ ② 約束をキャンセルしないといけない。

☐ ③ 上司に聞かないといけません。

☐ ④ 今日は30分ほど早く帰る必要があります。

☐ ⑤ 2時までには会社に戻らないといけません。

☐ ⑥ 来週の金曜日に休みが必要です。

☐ ⑦ 誰かアシスタントしてくれる人を探さないと。

☐ ⑧ みなさん集中しましょう（我々は集中しなくてはいけない）。

☐ ⑨ 8月1日までに見積もりが必要です。
　　ヒント：見積もり＝ estimate

☐ ⑩ 新しい取引先を早急に見つけないといけません。

① **I need** your help.

② **I need** to cancel my appointment.

③ **I need** to ask my boss.

④ **I need** to leave 30 minutes early today.

⑤ **I need** to get back to the office by 2:00.

⑥ **I need** to take Friday off next week.

⑦ **I need** to find someone to assist me.

⑧ **We need** to focus.

⑨ **We need** an estimate by August 1.

⑩ **We need** to find new clients immediately.

29

I'll ~.

～するつもりです／～しておきます

基本フレーズ

I'll talk about this with Karen.

この件については、カレンと話しておきます。

---

will は「～する予定です」という意味ですが、I のあとに
続けて **I'll ~.** と言うと「必ず～しておきます」というニュ
アンスになるので、やり忘れてはいけないことを頼まれた
ときなどに使えます。**I'll do it.** と言えば「必ずやります」
という意味になります。映画『ターミネーター』の有名な
セリフ、**I'll be back.** も「何が何でも戻ってきてやる」と
いう強い意志が込められています。

**プラス
アルファ**

> be going to も「～するつもりです」という意味ですが、I'm
> going to do it. と言うと、自分の意思とは関係なく「それをやる
> ことになっている」という単なる予定を表すフレーズになります。

164

このパターンでこんなことが言えます！

I'll be right back.
（会議などで中座するときに）すぐに戻ります。

I'll do my best.
ベストを尽くします。

I'll send you a contract by Friday.
金曜日までに契約書を送ります。

I'll gather the materials.
資料は私が集めておきます。

I'll be careful from now on.
以後注意いたします。

I'll make the desired amendments.
ご指示通りに修正しておきます。

I'll make up for the loss.
損失は私が埋め合わせをいたします。

I'll look into it and contact you later.
調べてあとで連絡します。

I'll call you back when we decide on a definite time.
時間がはっきり決まり次第、また連絡いたします。

□ ① すぐにかけ直します。

□ ② 予定を調整します。

□ ③ 1時間後には戻ります。

□ ④ 明日の資料をお送りします。

□ ⑤ 変更についてみんなにメールしておきます。

□ ⑥ 何が起こったのかわかり次第、お返事いたします。

□ ⑦ 会議の開始時間を確認しておきます。
　　ヒント：確認する＝ confirm

□ ⑧ 7月10日から16日までジャカルタにおります。

□ ⑨ 9月3日から不在にいたします。

□ ⑩ 戻り次第、なるべく早めにお返事いたします。

① I'll call you back soon.

② I'll arrange my schedule.

③ I'll be back in an hour.

④ I'll send you the materials for tomorrow.

⑤ I'll e-mail everybody about the changes.

⑥ I'll reply as soon as I know what happened.

⑦ I'll confirm the starting time of the meeting.

⑧ I'll be in Jakarta from July 10 to 16.

⑨ I'll be out of town from September 3.

⑩ I'll reply to you as soon as possible when I get back.

30

I apologize for ~.

～は申し訳ありませんでした

基本フレーズ

I apologize for missing the meeting.

会議を欠席してしまい、申し訳ありませんでした。

---

apologize は謝罪を表す言葉で、sorry よりもさらに丁寧
な印象になるので、ビジネスにおいて真剣に謝りたいとき
に適しています。I apologize for のあとに、具体的に謝
りたいことを続けて、「～に関しては申し訳ありませんで
した」というように使います。さらに丁寧に謝りたいとき
は、I sincerely apologize for ~. と言えば、「～に関して
心からおわびします」というニュアンスになります。

**プラス
アルファ**

My apologies. は「すみませんでした」「私のミスです」と自分
の過失を認めるときのひと言です。メールなどで何かこちら側に不
手際があったことなどを述べたあとに、Again, my apologies.
（改めて、申し訳ありませんでした）のように使ったりします。

168

このパターンでこんなことが言えます！

I apologize for the trouble.
ご迷惑をおかけしてすみませんでした。

I apologize for the long silence.
ご無沙汰してしまってすみませんでした。

I apologize for any inconvenience.
ご不便おかけして申し訳ありません。

I apologize for this late notice.
お知らせが遅くなり申し訳ありません。

I apologize for keeping you so long.
長らくお引きとめしてしまい、申し訳ありませんでした。

I apologize for taking so much time to reply.
返信が大変遅くなり、申し訳ございません。

I apologize for the length of this letter.
長文失礼いたします。

I apologize for the delay in delivery.
配送が遅くなり申し訳ありません。

I apologize for not being able to meet your needs.
ご期待にそえず申し訳ありません。

I apologize for ~.

~は申し訳ありませんでした

□ ① 間違ってしまい申し訳ありません。

□ ② 急なお知らせで申し訳ありませんでした。
ヒント：急なお知らせ= short notice

□ ③ こんな遅くに／早くに電話してすみません。

□ ④ 昨日は早退させてもらってすみませんでした。

□ ⑤ ファイルの添付を忘れてしまいすみませんでした。
ヒント：添付する= attach

□ ⑥ 締め切りを破ってしまい申し訳ございません。

□ ⑦ このプロジェクトが失敗に終わってしまい、申し訳ありません。

□ ⑧ 折り返しの電話をせずに申し訳ありませんでした。

□ ⑨ 変更の連絡をせずに申し訳ありませんでした。

□ ⑩ お役に立てなくて申し訳ありません。

① **I apologize for** the mistake.

② **I apologize for** the short notice.

③ **I apologize for** calling so late/early.

④ **I apologize for** going home early yesterday.

⑤ **I apologize for** forgetting to attach the file.

⑥ **I apologize for** missing the deadline.

⑦ **I apologize for** the failure of this project.

⑧ **I apologize for** not returning your phone call.

⑨ **I apologize for** not informing you about the change.

⑩ **I apologize for** not being able to help you.

31

When/Where/What/How can I ~?

いつ／どこで／何を／どうすれば～できますか?

基本フレーズ

Where can I make copies?

どこでコピーがとれますか?

Where can I ~? で「どこで～できますか?」という意味で、自分のしたいことができる場所を問うときに使います。**I** のあとには動詞の原形を続けます。また、**Where** のほかの疑問詞、**When/What/How** などを使って、「いつ／何を／どうすれば～できますか?」という意味にも使えます。

プラス
アルファ

> **Where can I wash up?** で「手を洗う場所はどこですか?」という意味ですが、つまり「お手洗いはどこですか?」と問うフレーズです。訪問先などで、間接的にトイレの場所を尋ねるときに便利です。

このパターンでこんなことが言えます！

When can I get the new PC?
新しいパソコンはいつ手に入りますか？

When can I get that product?
その商品はいつ入手できますか？

Where can I download the catalog?
（ウェブサイトなどの）どこでカタログをダウンロードできますか？

Where can I get my computer fixed?
どこで私のパソコンを直してもらえますか？

What can I do to avoid this problem?
この問題を防ぐにはどうすればいいでしょうか？

What can I do to increase the speed?
スピードを上げるにはどうすればいいのでしょうか？

How can I contact George?
どうやったらジョージと連絡が取れるでしょうか？

How can I change the cartridge?
カートリッジの交換はどうやればいいでしょうか？

When can we meet?
いつお会いできそうでしょうか？

When/Where/What/How can I ~?

いつ／どこで／何を／どうすれば~できますか？

□ ① 注文した品はいつ受け取れますか？

□ ② いつ電話してもよろしいですか？

□ ③ いつ追加注文できますか？

□ ④ どこでタバコが吸えますか？

□ ⑤ もっと丈夫なコピー機はどこで買えるでしょうか？
　　 ヒント：丈夫な＝ durable

□ ⑥ どうすればインターネットに接続できますか？

□ ⑦ どうすれば広告コストを減らせるでしょうか？

□ ⑧ どうすればいいコンサルタントが見つかるでしょうか？

□ ⑨ お客様を増やすために何ができるでしょうか？

□ ⑩ SNSを使ってどんな宣伝ができるでしょうか？

① **When can I** get our order?

② **When can I** call you?

③ **When can I** place another order?

④ **Where can I** smoke?

⑤ **Where can I** buy a more durable copy machine?

⑥ **How can I** connect to the Internet?

⑦ **How can I** lower my advertising costs?

⑧ **How can I** find a good consultant?

⑨ **What can I** do to bring in more customers?

⑩ **What can I** do to advertise using social networking sites?

32

We can / can't ~.

(当社は)〜できます／できません

基本フレーズ

We can't offer a further discount.
これ以上の値引きはいたしかねます。

ビジネスシーンにおいて、「〜できる」「〜できない」ということを、会社の代表として回答する場合には、I ではなく We を主語にし、**We can/can't** で切り出します。例えば、相手から製品に関して値引きできるかどうかを尋ねられたときは、**We can/can't give you a discount.**(お値引きすることができます／できかねます)のように言います。

プラス
アルファ

相手の申し入れなどを断るとき、**We can't accept that.** だと、「受け入れられません」とかなりきっぱりしすぎていて、取りつく島もない感じです。**We're very sorry, but we can't accept that.**(申し訳ありませんが、受け入れられません)や、**We'd like to say yes, but we can't.**(はいと言いたいところですが、できないのです)のような言い方がソフトなニュアンスになっておすすめです。

このパターンでこんなことが言えます！

We can ship by Friday.
金曜日までに発送可能です。

We can give you a 10% discount.
10％の値引きが可能です。

We can't accept any returns.
返品はお受けできません。

We can't sign the contracts.
契約書にサインはできません。

We can't meet your request.
弊社は御社のご要望にはお応えできません。

We can easily send you 1,000 units per month.
毎月 1000 個お届けするのはお安い御用です。

We can't force the factory to do anything more.
工場にこれ以上無理は言えません。

We can provide you with a better price than anyone else.
ほかよりもお安く提供できます。

We can offer a 20% discount on bulk orders.
大口注文であれば 20％のお値引きが可能です。

We can / can't ~.

(当社は)〜できます／できません

□ ① ロンドンへの発送が可能です。

□ ② 代替案を提案することもできます。
ヒント：代替案= alternative

□ ③ この件について来週会って話せるでしょう。

□ ④ 事業拡大のお力になれるかと思います。

□ ⑤ これらの条件には同意できません。

□ ⑥ これ以上納期を早めることはできません。

□ ⑦ 社員にこれ以上残業をさせられません。

□ ⑧ ソーシャルメディアを使ってそれらを宣伝することが可能です。

□ ⑨ 両者が納得できる条件が見つかるはずです。
ヒント：納得できる条件= agreeable terms

□ ⑩ 100個のご購入であれば2ドルに値引きできます。

① **We can** ship to London.

② **We can** offer an alternative.

③ **We can** meet to discuss this next week.

④ **We can** help you expand your company.

⑤ **We can't** agree to these terms.

⑥ **We can't** move the deadline up any further.

⑦ **We can't** make employees work more overtime.

⑧ **We can** promote them using social media.

⑨ **We can** find agreeable terms for us both.

⑩ **We can** lower the price to $2 for 100 units.

33

We have ~.

(当社には)～があります

基本フレーズ

We have offices in Tokyo and Kyoto.

東京と京都にオフィスがあります。

We have ~. で「当社には～があります」と、自社の持っているものを表すときに使います。**We have an inquiry form on our website.**（当社のサイトに質問フォームがあります）のように単に提供しているものを述べるときだけでなく、**We have confidence in ~.**（～に自信があります）のように自社の長所を先方にアピールするときにも使えます。また、**We have complaints about ~.**（～に関して不満があります）というフレーズもよく使われます。

プラス
アルファ

重大な発表があるときの前置き表現として、**We have an announcement to make.** というフレーズがあります。社屋が移転する、社長が代わる、といった会社にとって比較的よいニュースを伝えるときに使います。個人的な結婚や妊娠などの報告の前置きにも使われます。

このパターンでこんなことが言えます！

We have a 20% share in the market.
当社は業界で20%のシェアがあります。

We have branches in Singapore and Beijing.
シンガポールと北京に支社があります。

We have a free one-year warranty.
1年間の無料保証があります。

We have 30 years of experience in design.
デザインに関して30年の実績がございます。

We have a wide variety of designs.
バリエーション豊かなデザインを揃えております。

We have confidence in our new product.
新製品には自信があります。

We have a lot of outstanding employees.
当社には優秀な社員がたくさんおります。

We have a trusting relationship with our customers.
お客様との信頼関係があります。

We have a complaint about the details of the contract.
契約内容に不満があります。

□ ① 当社には長い歴史があります。

□ ② 当社には経験と人脈があります。

□ ③ 弊社はサービスには自信があります。

□ ④ 世界中にクライアントがいます。

□ ⑤ アジアにおいて巨大な市場があります。

□ ⑥ きっと気に入っていただける自信があります。

□ ⑦ 当社はこの分野における経験が豊富です。

□ ⑧ 弊社には経験豊かなスタッフがいます。

□ ⑨ 我が社はＩＴ業界において高い評価を得ています。
　　　ヒント：評価＝ reputation

□ ⑩ 当社には他社にない強みがあります。

① **We have** a long history.

② **We have** experience and connections.

③ **We have** confidence in our service.

④ **We have** clients throughout the world.

⑤ **We have** a huge market in Asia.

⑥ **We have** confidence that you'll like it.

⑦ **We have** a lot of experience in this field.

⑧ **We have** staff with a lot of experience.

⑨ **We have** a good reputation in the IT field.

⑩ **We have** strengths that other companies don't.

34

How's ~?

~はどうですか？

基本フレーズ

How's your new job?
新しい仕事はどうですか？

How's (How is) ~? は、仕事の感想や感触などを尋ねるときに使います。日常会話でも **How's the weather?**（天気はどんな感じ？）、**How's everyone?**（みなさんはどんなご様子ですか？）のように、対象になる人や物事の様子、調子を聞くときに使います。

プラス
アルファ

「調子はどう？」「お元気ですか？」などとあいさつをするとき、**How's** で始まるフレーズがよく使われます。**How's work/ business?**（仕事の調子はどう？）、**How's everything?**（調子はどう？）、**How's life?**（最近の調子はどう？）など、いろいろなバリエーションを覚えておくと便利です。

このパターンでこんなことが言えます！

How's the new software?
新しいソフトウェアはいかがですか？

How's the new staff member?
新人の働きぶりはどうですか？

How's the situation in Tokyo?
東京の状況はいかがですか？

How's it over there?
そちらはどんな感じですか？

How's the new product going?
新製品の売り上げはどうですか？

How's the construction going?
工事は順調に進んでいますか？

How's it coming along?
進行状況はいかがですか？

How's the HR department responding?
人事部からの回答はどうでしたか？

How's our number of customers compared to last month?
先月と比べてお客様の入りはどんな感じですか？

☐ ① 新しい上司はどうですか？

☐ ② 新しいオフィスはいかがですか？

☐ ③ 新しい部署はどうですか？

☐ ④ 新しいサービスプランはどうですか？

☐ ⑤ トルコへの出張はどうですか？

☐ ⑥ キャンペーンに対する顧客のフィードバックはどんな感じですか？

☐ ⑦ ニューヨークの天気はいかがですか？

☐ ⑧ 新しく会社に入った人はどうですか？

☐ ⑨ 私が提案した企画に対するみなさんの評判はいかがでしょうか？

☐ ⑩ 我々が送付したサンプルへの反応はどうでしたか？

① **How's** your new boss?

② **How's** the new office?

③ **How's** the new department?

④ **How's** the new service plan?

⑤ **How's** your business trip to Turkey?

⑥ **How's** customer feedback on the campaign?

⑦ **How's** the weather in New York?

⑧ **How's** your new co-worker?

⑨ **How's** everyone feeling about the plan I suggested?

⑩ **How's** the response to the samples we sent out?

How's (the) ~ going?

~はどういう状況ですか?

基本フレーズ

How's the construction going?

工事は順調に進んでいますか?

先の120ページの関連パターンで紹介したものですが、この **How's ~ going?** は、特にビジネスでは、**How's the proposal going?**(企画書はどうなっている?)のように、仕事やプロジェクトがうまく進んでいるかどうかを聞くときに使い

パタートレーニング

□ ① 交渉はどうなっていますか?

□ ② 会議はどういう状況ですか?

□ ③ オンラインショップはうまくいってますか?

□ ④ **特許の申請はうまく進んでいますか?**
　　 特許の申請= patent application

□ ⑤ 事業拡大はうまくいってますか?

ます。

このパターンでこんなことが言えます！

How's the new project going?
新しいプロジェクトは順調ですか？

How's the campaign going?
キャンペーンの調子はどうですか？

How's your report going?
レポートはどうなっていますか？

How's everything going so far?
今のところ万事うまくいってますか？

① **How's** the negotiation **going**?

② **How's** the conference **going**?

③ **How's** the online shop **going**?

④ **How's** the patent application **going**?

⑤ **How's** the expansion project **going**?

35

It's ~ to ~.

~することは~です

基本フレーズ

It's important **to** know customer needs.
顧客のニーズを知ることは重要です。

It's ~ to ~. は、自分の意見を相手にきっぱりと伝えたいときに使います。**It's** のあとに形容詞が続き、そのあとに **to** + [動詞の原形] をくっつけるパターンです。また形容詞と **to** の間に「**for** + (人)」を入れて「(人) にとって (to 以下) するのは~です」というパターンもよく使われます。フレーズ全体のニュアンスをソフトにしたい場合は、頭に I think をつけると語調がやわらぎます。

プラス
アルファ

It's good ~ . は「~できて何よりです」という意味で、使い回しの利く切り出しフレーズです。たとえば、訪問先で **It's good to be here.** (ここに来られてよかったです) と言うと、訪問できた喜びや招かれたことへの感謝の気持ちが伝わります。

このパターンでこんなことが言えます！

It's difficult **to** persuade Mr. Brown.
ブラウンさんを説得するのは大変です。

It's difficult **to** manage quality control.
商品の品質を保ち続けるのは難しい。

It's impossible **to** cut costs any further.
これ以上コストを削減するのは不可能です。

It's wonderful **to** have achieved our quota.
ノルマを達成するなんて素晴らしいです。

It's important **to** always try to save energy.
いつでも節電を心がけることが大切です。

It's a good idea **to** keep your desk organized.
デスクの整頓をするのはよい心がけです。

It's time consuming **to** write daily work summaries.
作業日報を書くのは時間の無駄です。

It's difficult **to** move the delivery date forward.
納期を早めるのは難しいです。

It's not necessary **to** wear a suit to work every day.
毎日スーツを着る必要はありません。

□ ① 価格を下げるのは難しいです。

□ ② この締め切りに間に合わせるのは厳しいです。

□ ③ グリーンさんのアポを取るのは困難です。

□ ④ ＡＢＣ社を説得するのは無理です。

□ ⑤ 時間通りに終わらせることが重要です。

□ ⑥ データは常に保存することが必要です。

□ ⑦ 定期的にバックアップをとるのは賢明ですね。

□ ⑧ 経済の動向を予測するのは難しいです。
　　　ヒント：予測する＝ foresee

□ ⑨ クライアントが何を望んでいるかを理解するのは難しいです。

□ ⑩ 作業用のパソコンを家に持ち帰ってもいいですよ。

① **It's** difficult **to** lower the price.

② **It's** difficult **to** meet this deadline.

③ **It's** difficult **to** make an appointment with Mr. Green.

④ **It's** impossible **to** convince ABC Company.

⑤ **It's** important **to** finish on time.

⑥ **It's** necessary **to** always save your data.

⑦ **It's** wise **to** back up your data regularly.

⑧ **It's** hard **to** foresee economic activity.

⑨ **It's** difficult **to** understand what our client needs.

⑩ **It's** all right **to** take your work computer home with you.

~ says ~.

~が~と言っています

基本フレーズ

He **says** the invoice should have arrived.

彼が請求書は到着しているはずだと言っています。

主語 + **says ~.** で「(人) が~と言っています」と誰かの意見や発言を第三者に伝えるときの言い方です。**My boss says he'll be about 10 minutes late.**(上司が 10 分ほど遅れると申しております)のように、says 以下に発言内容を続けます。

They say ~ . は、They say he's a great singer.(彼は偉大な歌手だと言われている)のように、「一般的には~だと言われている」というときにも使います。

このパターンでこんなことが言えます！

He **says** the boss will be late.
彼はボスが遅れると言っています。

The boss **says** that we need to finish this.
上司がこれを終わらせる必要があると言っています。

She **says** that the meeting was canceled.
会議はキャンセルになったと彼女は言っています。

Jason **says** the copier is broken.
ジェイソンがコピー機が壊れていると言っています。

Michael **says** the president will be here in 15 minutes.
マイケルは社長があと15分で到着すると申しております。

Mr. Tanaka **says** the plans haven't been approved.
田中さんがその企画はまだ許可が下りていないと言っています。

Mike **says** we should have the meeting without him.
マイクが、自分抜きで会議をして、とのことです。

Our accountant **says** we need an invoice.
経理の者が請求書が必要だと申しています。

They **say** that the new system is difficult to use.
彼らは、新しいシステムは使いづらいと言っています。

□ ① みんな計画の変更が必要だと言っています。

□ ② ブラウンさんはもっと値下げしてほしいと言っています。

□ ③ 上司が会議の日程を変えたいと言っています。

□ ④ 彼の秘書が契約書は今日中に送ると言っています。

□ ⑤ 彼女は明日までに商品が欲しいと言っています。

□ ⑥ キャシーがメールを転送すると言っています。

□ ⑦ 彼は明日までにサンプルが欲しいと言っています。

□ ⑧ クリスが、7:00には到着すると言っています。

□ ⑨ 彼らはプロジェクターが必要だそうです。

□ ⑩ 彼らは、私たちが値上げすべきだと言っています。
　　　ヒント：値上げ＝ price hike

① Everybody **says** we need to change our plan.

② Mr. Brown **says** he'd like you to lower the price.

③ Our boss **says** he'd like to reschedule the meeting.

④ His secretary **says** she will send the contract today.

⑤ She **says** she'd like the product by tomorrow.

⑥ Cathy **says** she's going to forward the e-mail to us.

⑦ He **says** he'd like the sample by tomorrow.

⑧ Chris **says** that they should be there by 7:00.

⑨ They **say** they need a projector.

⑩ They **say** we need a price hike.

37

There's a problem with ~.

～に問題があります

基本フレーズ

There's a problem with the new LAN.
新しいＬＡＮ回線に問題があります。

ビジネスを進める上で何か問題がある場合は、それを
きちんと伝えなくてはなりません。**There's (There is) a
problem with ~.** は、問題があることを報告したり指摘した
りするときによく使う表現です。**There is a problem with
scheduling.**（日程に問題があります）のように、「～に無
理があります」というニュアンスで使うこともあります。

I have a problem with my ~ . で「私の～に問題があります」
という意味で、I have a problem with my password.（パスワード
に問題があります）や I have a problem with my stomach.（お
なかの調子が悪い）のように、自分に関する事柄の調子がよくない
ことを表します。

このパターンでこんなことが言えます！

There's a problem with the new system.
新しいシステムに問題があります。

There's a problem with your business proposal.
あなたの企画書に問題があります。

There's a problem with the order we placed.
注文品に問題があります。

There's a problem with the goods that we received.
受け取った商品に問題があります。

There's a problem with company morale lately.
最近の会社の士気に問題があります。

There are some problems with this report.
この報告書にはいくつか問題があります。

There are some problems with my computer.
私のパソコンにいくつか問題があります。

There are some problems with the way we ship products.
商品の出荷方法にいくつか問題があります。

There are some problems with our company's network.
我が社のネット環境にいくつか問題があります。

There's a problem with ~.

～に問題があります

□ ① 新しい工場の機器に問題があります。

□ ② 顧客の満足度に問題があります。

□ ③ 政府からの承認を得るにあたって問題があります。

□ ④ 契約書の詳細について問題があります。

□ ⑤ 商品の売り方に問題があります。

□ ⑥ お送りいただいたファイルに問題がいくつかあるようです。

□ ⑦ 会議をキャンセルするといくつか問題が生じます。

□ ⑧ この企画書にはいくつか問題があります。

□ ⑨ このやり方にはいくつか問題点があります。

□ ⑩ 送っていただいたリンク先に問題があります。

① **There's a problem with** the new factory equipment.

② **There's a problem with** the level of customer satisfaction.

③ **There's a problem with** getting government approval.

④ **There's a problem with** the details of the contract.

⑤ **There's a problem with** our sales approach.

⑥ **There are some problems with** the file you sent.

⑦ **There are some problems with** canceling the meeting.

⑧ **There are some problems with** this proposal.

⑨ **There are some problems with** this approach.

⑩ **There are some problems with** the link you sent me.

38

What should we do (with) ~?

～はどうすればいいでしょう？

基本フレーズ

What should we do with the collected data?

集めたデータはどうすればいいでしょうか？

何か問題が起きたときや、自分自身では判断ができない
案件に関して、上司に指示をあおぐときの言い方です。
What should we do with the samples?（サンプルはいか
がいたしましょう？）のように使います。

What should be done about ～? は「～について何がなされ
るべきか？」が直訳で、「～はどうしたらいいでしょうね？」「～に
関してどうするのが一番でしょうか？」と **about** 以下の問題点な
どへの最善策を聞くようなときに使います。

What should we do with these results?
これらの結果についてどうしますか？

What should we do with these parts?
これらの部品はどういたしましょう？

What should we do with these old office chairs?
これらの古い事務用イスについてはどうしましょうか？

What should we do with the previous design?
前回のデザインについてはどうしましょうか？

What should we do with the old model?
旧型についてはどうしますか？

What should we do with the extra materials?
余った資料はどうしましょうか？

What should we do with this extra computer?
この余ったパソコンはどうすればいいでしょうか？

What should be done about the database issues?
データベースの問題についてどうしましょうか？

What should be done about the shipping problem?
発送の問題についてどうしますか？

パターン トレーニング	**What should we do (with) ~?**
	~はどうすればいいでしょう?

□ ① スケジュールについてどうしますか?

□ ② この臨時収入についてどうしますか?
  ヒント:臨時収入= extra revenue

□ ③ 過剰生産についてどうしますか?
  ヒント:過剰生産= excess inventory

□ ④ 見本の部品はどうしましょうか?

□ ⑤ 新しいフォークリフトはどうしますか?

□ ⑥ 余ったヘルメットについてはどういたしましょう?
  ヒント:ヘルメット= hard hat

□ ⑦ 新しい予算からのお金はどうしますか?

□ ⑧ 社長の誕生日には何をすればいいでしょう?

□ ⑨ 社内コミュニケーションの改善はどうすればいいでしょうか?

□ ⑩ ほかのクライアントを失うのを避けるにはどうすればいいでしょうか?

① **What should we do with** the schedule?

② **What should we do with** the extra revenue?

③ **What should we do with** the excess inventory?

④ **What should we do with** the prototype parts?

⑤ **What should we do with** the new forklift?

⑥ **What should we do with** these extra hard hats?

⑦ **What should we do with** the money from our new budget?

⑧ **What should we do** for the president's birthday?

⑨ **What should we do** to improve internal communications?

⑩ **What should we do** to avoid losing another client?

39

Maybe we should ~.

～すべきでしょう

基本フレーズ

Maybe we should get ideas from our staff.
スタッフから意見を聞いたらどうでしょうか？

上司などに「～すべきです」と意見を言うとき、**We should ~.** だとやや強すぎる印象があります。頭に **Maybe** を付けることで、「～すべきでしょう」「～したらいかがでしょうか？」とソフトに提案するニュアンスになります。例えば、価格の見直しなどを提案するとき、**Maybe we should lower the price.**（価格を下げたらどうでしょうか？）のように言ってからその理由を述べると角が立ちません。

注意!

提案のつもりで **You had better ~.** という表現を使う人がいますが、これは「～しなさい」と命令するときに使うものです。ただし、これも頭に **Maybe** をつけると、相手のためを思って強くアドバイスをしているニュアンスになります。例) **Maybe you'd better come a little earlier tomorrow.**（明日は少し早めに来たほうがいいかもね）

このパターンでこんなことが言えます！

Maybe we should rethink this.
もう一度考え直すべきでしょう。

Maybe we should raise our prices.
値上げをすべきでしょう。

Maybe we should cancel the order.
注文はキャンセルしたほうがよさそうです。

Maybe we should get the help of an expert.
専門家の助けを借りるべきでしょう。

Maybe we should hurry and finish this.
急いでこれを終わらせるべきでしょう。

Maybe we should look for a new supplier.
新たな業者を探したほうがよいのではないでしょうか。

Maybe we should make a decision soon.
決断を早くしたほうがいいでしょう。

Maybe we should consider expanding into Asia.
アジアでの市場拡大を考えるべきでしょう。

Maybe we shouldn't worry about that.
その問題は心配しなくてもいいでしょう。

Maybe we should ~.

~すべきでしょう

□ ① 彼らと会うべきでしょう。

□ ② ネット広告を活用すべきでしょう。
ヒント：ネット広告＝ online ads

□ ③ クライアントに謝るべきでしょう。

□ ④ よいコンサルタントを見つけるべきでしょう。

□ ⑤ セールス・キャンペーンをもっと拡大すべきでしょう。

□ ⑥ もっとコストを抑えるべきでしょう。

□ ⑦ 6月に決断すべきでしょう。

□ ⑧ もっと品質改善に尽力すべきでしょう。

□ ⑨ できるだけ早くハリス氏に電話したほうがいいでしょう。

□ ⑩ 商品開発に費用を使いすぎるべきではないでしょう。
商品開発＝ product development

① **Maybe we should** meet them.

② **Maybe we should** use online ads.

③ **Maybe we should** apologize to the client.

④ **Maybe we should** find a good consultant.

⑤ **Maybe we should** expand the sales campaign.

⑥ **Maybe we should** lower our costs further.

⑦ **Maybe we should** decide on things in June.

⑧ **Maybe we should** work to improve quality.

⑨ **Maybe we should** call Mr. Harris as soon as possible.

⑩ **Maybe we shouldn't** overspend on product development.

Maybe we could ~.

～してもいいかもしれませんね

- 基本フレーズ

Maybe we could reduce the container cost.
容器のコストを削減してもいいかもしれませんね。

Maybe we could で始めると「～してもいいかもしれませんね」とやわらかく提案するときの切り出し表現になります。また、**Maybe we could go out for dinner sometime.** （今度夕食でもどうですか？）のように相手を誘うときにも使えます。

パタートレーニング

□ ① まずどうなるか様子を見たほうがいいかもしれないですね。

□ ② 1時間後にまたここで落ち合ってもいいかもしれませんね。

□ ③ この件は一緒に作業してもいいかもしれませんね。

□ ④ 確認のために、フォローのメールを送ってもいいかもしれませんね。
ヒント：確認する＝ confirm

□ ⑤ 進める前にフィードバックを待ったほうがいいかもしれません。

このパターンでこんなことが言えます！

Maybe we could finish early.
早く終わらせてもいいかもしれません。

Maybe we could reconsider that option.
その選択肢を再度検討してもいいかもしれません。

Maybe we could ask our boss for advice again.
もう一度上司に聞いたほうがいいかもしれませんね。

Maybe we could brainstorm sometime tomorrow.
明日のどこかでブレストするといいかもしれませんね。

---

① **Maybe we could** see how it works.

② **Maybe we could** meet back here in an hour.

③ **Maybe we could** all work on this together.

④ **Maybe we could** send a follow up e-mail to confirm.

⑤ **Maybe we could** wait for feedback before proceeding.

40

You need to ~.

～する必要があります

基本フレーズ

You need to submit the sales report today.

今日中に売り上げ報告を提出する必要があります。

---

need は「～する必要がある」という意味で、**You need to ~.** は「～する必要がある」と相手に何か忠告する際の フレーズです。**must** や **have to** に比べてソフトになりますが、目上の人などに言う場合は自分を含めて **We need to ~.** としたほうがいいでしょう。

> **プラス アルファ**
>
> You don't need to ~. で「～する必要はありません」という意味です。**You don't need to thank me.**（お礼にはおよびませんよ）は、相手にお礼を言われたときなどによく使う言い回しです。

このパターンでこんなことが言えます！

You need to get some rest.
あなたには休みが必要ですね。

You need to apologize right away.
早く謝らなければならないよ。

You need to go home early.
早く帰ったほうがいいよ。

You need to go to the hospital.
病院へ行ったほうがいいよ。

You need to get someone to help you.
誰かに手伝ってもらったほうがいいよ。

You need to tell your boss about this.
この件は上司に報告すべきです。

You need to hurry up with this project.
このプロジェクトはもっと急ぐべきです。

You need to follow the dress code more closely.
服装規定はきちんと守るべきだよ。

You need to be careful about what you say around the boss.
上司に進言するときはもっと気を遣うべきだよ。

You need to ~.

~する必要があります

□ ① ベスに伝えたほうがいいよ。

□ ② 先に上司に言ったほうがいいよ。

□ ③ 日にちを変えたほうがいいよ。

□ ④ 請求書を出したほうがいいよ。

□ ⑤ もっと効率的に働くべきです。
　　ヒント：効率的に＝ efficiently

□ ⑥ 同僚とコミュニケーションをとったほうがいいですよ。

□ ⑦ 会議の時間は守るべきです。

□ ⑧ もっと責任を持って企画をすべきです。
　　ヒント：責任をもって＝ responsibly

□ ⑨ クライアントの前ではもっとプロらしくするべきです。

□ ⑩ プレゼンのときは自信を持ったほうがいいよ。

① **You need to** tell Beth.

② **You need to** tell your superiors first.

③ **You need to** change the date.

④ **You need to** issue an invoice.

⑤ **You need to** work more efficiently.

⑥ **You need to** communicate with your coworkers.

⑦ **You need to** be on time for the meeting.

⑧ **You need to** plan more responsibly.

⑨ **You need to** be more professional around clients.

⑩ **You need to** be more confident when making presentations.

41

Try not to ~.

～しないようにしよう

基本フレーズ

Try not to be late anymore.

これ以上は遅れないようにしましょう。

間違ったことをした相手などに「〜してはいけない」と注意するとき、**Don't ~.** だと「〜するな」ととてもきつく聞こえます。ソフトに注意したいときは、このフレーズがおすすめです。「〜しないようにしましょう」とやわらかい印象になります。

Try to ~ . は「〜するようにしてください」と相手に心がけてほしいことを述べるときに使います。**Try to finish this today.**（これは今日中に終わらせるようにしてください）のように使います。

このパターンでこんなことが言えます！

Try not to complain about deadlines.
締め切りに文句を言わないようにしましょう。

Try not to take too many breaks.
休憩をとりすぎないようにしましょう。

Try not to overdo it.
無理しすぎないようにしましょう。

Try not to ask too many questions.
相手に質問しすぎないようにしましょう。

Try not to work too much.
働きすぎないようにしましょう。

Try not to chat too much.
おしゃべりは慎みましょう。

Try not to leave your client waiting for too long.
お客様を待たせっぱなしにしないようにしてください。

Try to speak up.
なるべく発言をしてください。

Try to send it as soon as possible.
できるだけ早く発送するようにしてください。

Try not to ~.

~しないようにしよう

□ ① ネガティブになりすぎないように。

□ ② 相手を待たせないようにしてください。

□ ③ 彼らの気分を害さないようにしてください。

□ ④ ほかの社員の邪魔はしないようにしましょう。

□ ⑤ 仕事外でクライアントとは会わないようにしましょう。

□ ⑥ 無理しすぎないようにしましょう。

□ ⑦ クライアントからのメールは削除しないようにしましょう。

□ ⑧ 今日中に終わらせてください。

□ ⑨ 積極的に提案してください。
　　ヒント：積極的に＝ proactively

□ ⑩ この金額で納得してもらうよう努力してください。

① **Try not to** be too negative.

② **Try not to** keep them waiting.

③ **Try not to** ruin their spirits.

④ **Try not to** disturb other employees.

⑤ **Try not to** meet with clients outside of work.

⑥ **Try not to** be too hard on yourself.

⑦ **Try not to** erase e-mails from the client.

⑧ **Try to** finish it today.

⑨ **Try to** proactively make suggestions.

⑩ **Try to** get them to agree to this amount.

42

I don't want you to ~.

あなたに～してほしくない

基本フレーズ

I don't want you to rush.

焦ってほしくありません。

比較的親しい相手に対して何かをしてもらいたいときは、**I want you to ~.** を使って、**I want you to be careful.**（もっと注意深くお願いします）のように言います。反対に、してほしくないことを述べるときはこのパターンをよく使います。

プラス
アルファ

似たパターンとして、**I don't need you to ~.** があります。これは（あなたに～してもらう必要はありません）という意味です。**I don't need you to worry about me.**（心配ご無用）のように、「余計なお世話」とやや相手をはねつけるようなニュアンスがあるので使うときは注意しましょう。

このパターンでこんなことが言えます！

I don't want you to go.
あなたに行ってほしくありません。

I don't want you to lose your confidence.
自信を失ってほしくありません。

I don't want you to quit the company.
会社を辞めてほしくない。

I don't want you to make the same mistake.
同じ間違いをしてほしくない。

I don't want you to fight with your superiors.
上司とケンカをしてほしくありません。

I don't want you to give up on this plan.
この企画をあきらめてほしくありません。

I don't want you to get too tired.
疲れ切ってほしくありません（無理しないでください）。

I don't want you to upset the client.
クライアントを怒らせてほしくありません。

I don't want you to make a decision too quickly.
早急な決断をしてほしくありません。

□ ① 働きすぎてほしくない。

□ ② 私のために残業をしてほしくない。

□ ③ なげやりになってほしくない。
　　 ヒント：なげやりになる= get careless

□ ④ あなたにいろいろ口出しされたくない。
　　 ヒント：口出しする= butt in

□ ⑤ 会議に参加してほしくない。

□ ⑥ あなたにあきらめてほしくありません。

□ ⑦ あなたに別の部署に行ってほしくありません。

□ ⑧ これをあなた一人でやってほしくありません。

□ ⑨ あなたに会議のときに静かでいてほしくない(もっと発言してください)。

□ ⑩ 評価されていないと感じてほしくありません。

① **I don't want you to** work too hard.

② **I don't want you to** work overtime for me.

③ **I don't want you to** get careless.

④ **I don't want you to** butt in.

⑤ **I don't want you to** participate in the meeting.

⑥ **I don't want you to** give it up.

⑦ **I don't want you to** move to a different department.

⑧ **I don't want you to** do this by yourself.

⑨ **I don't want you to** stay quiet at meetings.

⑩ **I don't want you to** feel unappreciated.

43

Do you want me to ~?

～しましょうか？

基本フレーズ

Do you want me to go with you?
一緒に行ったほうがいいですか？

「（私が）～しましょうか？」「～したほうがいいですか？」
と相手に何かをしてあげることを提案するときのフレーズ
です。相手が困っていそうなときに、**Do you want me to
help?**（手伝いましょうか？）のように、手伝いなどを申
し出るときによく使います。

プラス
アルファ

What do you want me to ~? は「私に何を～してほしいの？」
という意味です。どうすれば相手の気が済むのかを尋ねるときに使
います。**What do you want me to say?**（なんて言ってほしい
の？）や **What do you want me to do?**（私にどうしてほしい
の？）がよく使われます。

Do you want me to check?
私がチェックしましょうか？

Do you want me to close the window?
窓を閉めましょうか？

Do you want me to pick you up?
迎えに行きましょうか？

Do you want me to explain it again?
もう一度説明したほうがいいですか？

Do you want me to go along with you?
同行しましょうか？

Do you want me to send you a copy?
コピーをお送りしましょうか？

Do you want me to forward it to you?
転送しましょうか？

Do you want me to fax it to you?
ファックスしましょうか？

Do you want me to have him send you an e-mail?
彼からメールさせましょうか？

Do you want me to ~?

~しましょうか？

☐ ① 私がアポイントを取りましょうか？

☐ ② 終わったらお知らせしましょうか？

☐ ③ 全員分をプリントアウトしましょうか？

☐ ④ この件、経営者に報告しておきましょうか？

☐ ⑤ プロジェクターの用意をしましょうか？

☐ ⑥ 会議に出席しましょうか？

☐ ⑦ もっとコピーが必要ですか？

☐ ⑧ みなさんにコーヒーかお茶をお出ししましょうか？

☐ ⑨ トムに会いに来るように頼みましょうか？

☐ ⑩ 出張に同行しましょうか？

① **Do you want me to** make an appointment?

② **Do you want me to** notify you when we finish?

③ **Do you want me to** make printouts for everyone?

④ **Do you want me to** report this to management?

⑤ **Do you want me to** prepare the projector?

⑥ **Do you want me to** go to the meeting?

⑦ **Do you want me to** make more copies?

⑧ **Do you want me to** bring everyone some coffee or tea?

⑨ **Do you want me to** ask Tom to come see you?

⑩ **Do you want me to** go with you on your business trip?

44

I like your ~.

あなたの～いいですね

基本フレーズ

I like your tie.
あなたのネクタイいいですね。

相手の持ち物をほめるのは、ネイティブが相手とコミュニケーションをとるときの常套手段とも言えます。**I like your shoes.**（あなたの靴、素敵ですね）のように、目についていいと思ったものをそのまま言えばOKです。

注意！

ほめられ慣れていない日本人は、このようにほめられると、**No, no.** などと謙遜してしまいがちですが、それでは相手の好意やセンスを否定したことにもなりかねません。素直に **Thanks.**（ありがとう）や **I like yours, too.**（あなたのも素敵ね）などと言うほうがぐっと好印象です。

このパターンでこんなことが言えます！

I like your new hairstyle.
あなたの新しい髪形いいですね。

I like your shirt.
シャツいいですね。

I like your car.
あなたの車いいですね。

I like your glasses.
あなたのメガネいいですね。

I like your cell phone case.
あなたの携帯電話のケースいいですね。

I like your design suggestion.
あなたのデザイン案気に入りましたよ。

I like your pictures on Facebook.
あなたの Facebook の写真素敵ですね。

I like your business model.
御社のビジネスモデルはいいですね。

I like your comments and agree with you.
あなたの意見気に入りました、賛成です。

□ ① 時計、素敵ですね。

□ ② バッグいいですね。

□ ③ 今日あなたの着ている服いいですね。

□ ④ あなたのネイルのデザインいいですね。

□ ⑤ あなたの髪の毛の色好きです。

□ ⑥ あなたのピアス素敵ですね。

□ ⑦ あなたのセーターいいですね。

□ ⑧ 御社の製品はとてもいいですね。

□ ⑨ 経営に対するあなたのアドバイスはいいですね。

□ ⑩ 会社のサイトのあなたの記事いいですね。

① **I like your** watch.

② **I like your** bag.

③ **I like your** clothes today.

④ **I like your** nail design.

⑤ **I like your** hair color.

⑥ **I like your** earrings.

⑦ **I like your** sweater.

⑧ **I like your** products very much.

⑨ **I like your** advice on running a business.

⑩ **I like your** article on the company website.

Part3
なぜかコミュニケーションが楽しくなる！
とっておきのパターン 24

45

I want to ~.

～がしたいです

基本フレーズ

I want to eat Chinese food.
中華料理を食べたいな。

I want to + ［動詞の原形］は、「～がしたい」と自分の希望や夢を伝えるときの定番パターンです。ネイティブ同士の会話では **I wanna**（アイウォナ）と省略して発音します。「～がしたくてたまらない」と言いたいときには、**I'm dying to ~** という表現がオススメです。例）**I'm dying to see that movie.**（あの映画が観たくてたまらない）

注意!

人に何かを頼むときにこのパターンを使うと、子供っぽいニュアンスになるので要注意。たとえば、**I want to have dessert.** と言うと、「デザート食べたいよ」という感じです。お願いごとには、パターン1の **I'd like to ~** を使いましょう。

このパターンでこんなことが言えます！

I want to see the zoo.
動物園を見たいな。

I want to go home now.
今すぐ家に帰りたいです。

I want to go to the hospital.
病院へ行きたいです。

I want to take a break.
休憩したいです。

I want to leave early.
早めに出たいです。

I want to get a haircut.
髪を切りたいな。

I want to work it out.
ぜひ成功させたいです。

I'm dying to get a massage.
マッサージに行きたくてたまらない！

I'm dying to get a new cell phone.
新しい携帯電話がほしくて仕方がない。

□ ① 歌いたいな。

□ ② 歩きたいです。

□ ③ 朝ごはんを食べたいな。

□ ④ 彼に会いたいな。

□ ⑤ ここにいたいです。

□ ⑥ 映画を観に行きたいです。

□ ⑦ お昼にベーグルが食べたいです。

□ ⑧ 上海のナイトライフを体験したいです。
　　ヒント：体験する＝ experience

□ ⑨ ホテルに着いたら、眠りたいです。

□ ⑩ あのバンドのライブが観たくてたまらない！

① **I want to** sing.

② **I want to** walk.

③ **I want to** eat breakfast.

④ **I want to** meet him.

⑤ **I want to** stay here.

⑥ **I want to** go see a movie.

⑦ **I want to** eat a bagel for lunch.

⑧ **I want to** experience Shanghai's nightlife.

⑨ **I want to** sleep when I reach the hotel.

⑩ **I'm dying to** see that band live!

46

I'd like ~.

〜が欲しいのですが／〜をください

― 基本フレーズ ―

I'd like fish.
魚料理でお願いします。（機内食で魚か肉かを聞かれたときに）

レストランなどの注文において、ウェイターに **Are you ready to order?**（ご注文は？）などと聞かれたときには、**I'd like** に欲しいものを続ければ OK。また、調理方法などを聞かれたときは、**I'd like it ~** という表現がとても便利です。例としては、**How would you like it cooked? → I'd like it medium, please.**

プラスアルファ

お店などで、「これを〇個ください」と言いたいときは、**I'd like ~ of these.** という表現が使えます。〜の部分に数を入れれば OKです。
例）**I'd like three of these.**（これを3つください）

このパターンでこんなことが言えます！

I'd like a menu.
メニューをください。

I'd like coffee.
コーヒーをください。

I'd like something to drink.
何か飲み物が欲しいのですが。

I'd like a discount.
割引してほしいのですが。

I'd like two tickets, please.
チケットを2枚ください。

I'd like a window seat.
窓側の席がいいのですが。

I'd like a Japanese guidebook.
日本語のガイドブックをください。

I'd like it well-done.
（焼き方は）ウェルダンでお願いします。

I'd like five of these cakes.
このケーキを5つください。

□ ① 肉料理でお願いします。

□ ② 新しい車が欲しいです。

□ ③ 彼女が欲しいです。

□ ④ ワインリストをいただきたいのですが。

□ ⑤ コーヒーとドーナツをください。

□ ⑥ 自分のオフィスが欲しいです。

□ ⑦ もっと大きい家が欲しいです。

□ ⑧ レシートが欲しいのですが。

□ ⑨ もう少し時間が欲しいのですが。

□ ⑩ (焼き方は) ミディアムレアでお願いします。

① **I'd like** meat.

② **I'd like** a new car.

③ **I'd like** a girlfriend.

④ **I'd like** a wine list.

⑤ **I'd like** coffee and a donut.

⑥ **I'd like** my own office.

⑦ **I'd like** a bigger house.

⑧ **I'd like** a receipt.

⑨ **I'd like** some more time.

⑩ **I'd like** it medium rare, please.

47

Should I ~?

～したほうがいいですか？

基本フレーズ

Should I wait here?

ここで待ったほうがいいですか？

---

should で「～するべき」「～したほうがいい」。**Should I ~?** で「～したほうがいいかな？」という意味の言い回しです。自分がどうしようか迷っているようなときや、どうしたらいいかわからず不安なときなどに、誰かの意見やアドバイスを求める言い方として使えます。逆に、困っている人に助け舟を出すときにも、**Should I go with you?**（一緒に行こうか？）のように使います。

プラス
アルファ

Should we ～? も、ネイティブがとてもよく使うパターンです。これは、**Should we bring something for the party?**（パーティーになんか持っていったほうがいいかな？）のように、「～したほうがいいかな？」「～しておく？」というソフトな提案表現です。

このパターンでこんなことが言えます！

Should I go first?
先に行ったほうがいいですか？

Should I leave a little early?
少し早く出たほうがいいですか？

Should I make a reservation for dinner?
ディナーの予約を取ったほうがいいですか？

Should I wear a jacket today?
今日、ジャケットを着たほうがいいですか？

Should I ask the police for help?
警察に助けを求めたほうがいいですか？

Should I forward the e-mail to you?
あなたにそのメールを転送しましょうか？

Should we order one more pizza?
ピザをもうひとつ注文したほうがいいかな？

Should we wait a little longer?
もう少し待ったほうがいいかな？

Should we go into the restaurant first?
先にお店に入っていた方がいいかな？

Should I ~?

～したほうがいいですか？

☐ ① 急いだほうがいいですか？

☐ ② 新しいパソコンを買ったほうがいいですか？

☐ ③ もっとゆっくり運転したほうがいいですか？

☐ ④ 明日、早く起きたほうがいいですか？

☐ ⑤ ロンドンまで電車で行ったほうがいいですか？

☐ ⑥ 値切ったほうがいいですか？
　　ヒント：割引を求める＝ ask for a discount

☐ ⑦ 彼女にタクシーを呼んであげたほうがいいですか？

☐ ⑧ 今日の午後の会議に出席したほうがいいですか？
　　ヒント：会議に出席する＝ attend the meeting

☐ ⑨ 壊れたエアコンについて苦情を言ったほうがいいですか？
　　ヒント：壊れたエアコン＝ broken air conditioner

☐ ⑩ 休憩したほうがいいかな？

① **Should I** hurry?

② **Should I** buy a new computer?

③ **Should I** drive slower?

④ **Should I** wake up early tomorrow?

⑤ **Should I** take the train to London?

⑥ **Should I** ask for a discount?

⑦ **Should I** call her a taxi?

⑧ **Should I** attend the meeting this afternoon?

⑨ **Should I** complain about the broken air conditioner?

⑩ **Should we** take a break?

48

Excuse me, but ~.

すみませんが~

基本フレーズ

Excuse me, but do you have the time?

すみませんが、今何時ですか?

通りがかりの人や面識のない人にお願い事や質問をするときには、いきなり話し始めるのではなく、まず **Excuse me, but ~** を言うようにしましょう。そうすれば、相手を驚かすことなくスムーズに会話を切り出すことができます。

注意!

Do you have the time? (今何時ですか?) は、時間を尋ねるときの定番表現です。the を抜かして Do you have time? と言うと、「ちょっと時間ある~?」とナンパフレーズにもなってしまうので要注意!

Excuse me, but do you have a pen?

すみませんが、ペンを持っていますか？

Excuse me, but could you repeat that?

すみませんが、もう一度言ってください。

Excuse me, but I think this is my seat.

すみません、そこは私の席だと思います。

Excuse me, but where's the closest hospital?

すみません、一番近い病院はどこですか？

Excuse me, but do you have this shirt in blue?

すみません、このシャツに青はありますか？

Excuse me, but could you send the e-mail one more time?

すみませんが、もう一度メールを送っていただけますか？

Excuse me, but is there a copy machine in this building?

すみません、このビル内にコピー機がありますか？

Excuse me, but could I have a plate to share?

すみませんが、とりわけ用のお皿をいただけますか？

Excuse me, but did you drop this?

（落とし物を拾って）すみませんが、こちらあなたのではありませんか？

Excuse me, but ~.

すみませんが~

□ ① すみませんが、鏡はありますか？

□ ② すみませんが、ワインリストはありますか？

□ ③ すみませんが、ここはプラザホテルですか？

□ ④ すみませんが、質問してもいいですか？

□ ⑤ すみませんが、これらのリンゴはいくらですか？

□ ⑥ すみませんが、動物園への行き方をご存じですか？

□ ⑦ すみませんが、この電車はセントラルパーク行きですか？

□ ⑧ すみません、今日は何時に閉まりますか？

□ ⑨ すみませんが、ここらへんに日本食レストランはありますか？

□ ⑩ すみませんが、お名前をもう一度いいですか？

① **Excuse me, but** do you have a mirror?

② **Excuse me, but** do you have a wine list?

③ **Excuse me, but** is this the Plaza Hotel?

④ **Excuse me, but** can I ask you a question?

⑤ **Excuse me, but** how much are these apples?

⑥ **Excuse me, but** do you know how to get to the zoo?

⑦ **Excuse me, but** is this the train for Central Park?

⑧ **Excuse me, but** what time do you close today?

⑨ **Excuse me, but** is there a Japanese restaurant near here?

⑩ **Excuse me, but** could you say your name once more?

49

Where's ~?

~はどこですか？

基本フレーズ

Where's the bathroom?
トイレはどこですか？

Where's は **Where is** を短縮した言い方で、場所などを聞くときの基本パターンです。具体的な場所を聞きたいときは **Where's** のあとに **the** をつけ、特定の場所でなければ **a/an** を使います。

例) (最寄りの駅など、思い描く駅がある場合)

→ **Where's the station?**

(どこでもいいからコンビニなどを探している場合)

→ **Where's a convenience store?**

プラス
アルファ

誰かが考えられないようなドジやミスをしたとき、ネイティブはよく「何を考えてるんだ？」という意味で、**Where's your head (at)?** という表現を使います。「頭はどこについてんだ？」というニュアンスです。

このパターンでこんなことが言えます！

Where's an ATM?
ATM はどこですか？

Where's my seat?
（飛行機内などで）私の席はどこですか？

Where's the lost and found?
遺失物保管所はどこですか？

Where's the tourist information center?
観光案内所はどこですか？

Where's the ticket counter for Air France?
エールフランスのチケットカウンターはどこですか？

Where's the perfume department?
香水売り場はどこですか？

Where's this bus going?
このバスはどこに行くの？

Where's a good spot to watch the parade?
パレードを観るのにいいスポットはどこですか？

Where's the vending machine?
自販機はどこですか？

☐ ① ゴミ箱はどこですか？
　　ヒント：ゴミ箱＝ garbage can

☐ ② 私の車はどこですか？

☐ ③ 私たちのツアーガイドはどこですか？

☐ ④ 奥さんはどちらですか？

☐ ⑤ 一番近い出口はどこですか？

☐ ⑥ あなたのお荷物はどこですか？

☐ ⑦ リモコンはどこですか？
　　ヒント：リモコン＝ remote

☐ ⑧ 彼はどこに行くのですか？

☐ ⑨ ミーティングはどこで開かれていますか？

☐ ⑩ 私がデスクに置いておいたファイルはどこですか？

① **Where's** the garbage can?

② **Where's** my car?

③ **Where's** our tour guide?

④ **Where's** your wife?

⑤ **Where's** the nearest exit?

⑥ **Where's** your baggage?

⑦ **Where's** the remote?

⑧ **Where's** he going?

⑨ **Where's** the meeting being held?

⑩ **Where's** the file I left on my desk?

50

Where can I ~?

どこで~できますか？

基本フレーズ

Where can I exchange money?

どこで両替ができますか？

Where can I ~? で「~ができる場所はどこですか？」という意味になります。**Where can I find ~?**（~はどこで見つけることができますか？＝~はどこにありますか？）／ **Where can I see ~?**（~はどこで見られますか？）なども旅行で使える便利フレーズです。

サービスを受けたいときは、**Where can I get my nails done?**（どこでネイルやってもらえるかな？）のように、**Where can I get ~＋[過去分詞]?** のパターンが使えます。ほかに、**get one's car washed**, **get one's hair cut**, **get one's camera repaired** など。

このパターンでこんなことが言えます！

Where can I buy tickets?
どこでチケットを買えますか？

Where can I eat local food?
地元料理はどこで食べられますか？

Where can I get a taxi?
タクシーはどこで拾えますか？

Where can I get a cheap meal?
安くごはんを食べられるところはどこですか？

Where can I get some nice souvenirs?
どこでいいおみやげを買えるでしょうか？

Where can I get a drink?
飲み物はどこで買えますか？

Where can I get cheap men's clothing?
安い紳士服はどこで買えますか？

Where can I get my computer fixed?
どこで私のパソコンを直してもらえますか？

Where can I connect to Wifi?
Wifi はどこで繋げますか？

□ ① どこでタバコが吸えますか？

□ ② 夕暮れはどこで見られますか？

□ ③ どこで手を洗えますか？（お手洗いはどこですか？）

□ ④ クーポンはどこで手に入りますか？

□ ⑤ どこで免税のおみやげが手に入りますか？
　　ヒント：免税のおみやげ＝ duty-free souvenirs

□ ⑥ 電車の時刻表はどこで手に入りますか？
　　ヒント：電車の時刻表＝ train schedule

□ ⑦ この地域の地図はどこで手に入りますか？

□ ⑧ どこでいいヘアカットをしてもらえますか？

□ ⑨ どこで私の写真を撮ってもらえますか？

□ ⑩ どこで名刺を作ってもらえますか？

① **Where can I** smoke?

② **Where can I** see the sunset?

③ **Where can I** wash my hands?

④ **Where can I** get a coupon?

⑤ **Where can I** get duty-free souvenirs?

⑥ **Where can I** get a train schedule?

⑦ **Where can I** get a map of this area?

⑧ **Where can I** get a nice haircut?

⑨ **Where can I** get my picture taken?

⑩ **Where can I** get business cards made?

51

What's ~?

~は何ですか？

基本フレーズ

What's this?

これは何ですか？

What's は **What is** の略。単に「～は何ですか？」と聞きたいときは、**What's ~?** で OK です。**What's this?** は、何だかわからない食べ物などを指さして「これは何ですか？」と人に聞くときに使えます。聞きたいものが複数形のときは **What are ~?** となります。

プラス
アルファ

英語でどう言うか知りたいときや、名称が知りたいときは、**What's this in English?/What are these in English?**（これは英語で何と言いますか？）もしくは **What's this called?** というフレーズが便利です。

このパターンでこんなことが言えます！

What's the total?
合計おいくらですか？

What's the arrival time?
到着時間は？

What's "gravy"?
グレイビー（gravy）って何ですか？

What's wrong?
どうしましたか？＝何が悪いの？

What's this for?
これは何のためのもの？

What's in it?
（料理などに対して）何が入っているの？

What's your favorite wine?
あなたのお気に入りのワインは何ですか？

What are your business hours?
営業時間は？

What's the expiration date?
賞味期限の日にちはいつでしょう？

What's ~?

~は何ですか？

□ ① ヴィーガン（vegan）って何？

□ ② 気温は？

□ ③ あなたの意見は？

□ ④ あなたの好きな食べ物は何ですか？

□ ⑤ この料理の名前は何ですか？

□ ⑥ ここの電話番号は何番ですか？

□ ⑦ ホテルの名前は何でしたっけ？

□ ⑧ あれは英語で何と言いますか？

□ ⑨ 何の絵ですか？

□ ⑩ あなたのパソコンどうしたんですか？

① **What's** "vegan"?

② **What's** the temperature?

③ **What's** your opinion?

④ **What's** your favorite food?

⑤ **What's** the name of this dish?

⑥ **What's** the phone number here?

⑦ **What's** the hotel's name again?

⑧ **What's** that in English?

⑨ **What's** the painting of?

⑩ **What's** wrong with your PC?

What's the ~(最上級)…?

一番～な…は何ですか？

基本フレーズ

What's the fastest way to the station?

駅への一番早い行き方は何かな？

What's the ~(最上級)…? は、fastest, best, coldest, easiest のように最上級の形で用いて、「一番～な…は何ですか？」と尋ねるときによく使うパターン。最も効率のよいやり方・行き方や、お買い得・オススメの品などを聞くときに便利

パタートレーニング

□ ①一番有名な寺院は？

□ ②バリ島への一番安い行き方は？

□ ③ここから一番近い鉄道の駅は？

□ ④あなたの仕事で最も難しいことは何ですか？

□ ⑤今年あなたが観た一番いい映画は何ですか？

ですので覚えておきましょう。

このパターンでこんなことが言えます！

What's the best restaurant near here?
このあたりで一番オススメのレストランは？

What's the easiest way to the museum?
美術館への最も簡単な行き方は？

What's the tastiest thing on the menu?
メニューの中で一番おいしいものは何ですか？

What's the cheapest way to send this?
これを送る最も安い方法は何ですか？

---

① **What's the most** famous temple?

② **What's the cheapest** way to Bali?

③ **What's the closest** train station from here?

④ **What's the most difficult** part of your job?

⑤ **What's the best** movie you've seen this year?

52

What kind of ~ do you have?

どんな（種類の）～がありますか？

基本フレーズ

What kind of beers do you have?

どんな種類のビールがありますか？

What kind of ~ do you have? は、お店やレストランに入っ
たときなどに、どんな種類があるかを聞くときに使えます。
～の部分に聞きたい対象を入れますが、品物やメニューと
いった「モノ」だけではなく、**What kind of image do
you have?**（どんなイメージをお持ちですか？）のように
「アイデア」や「思考」などにも使うことができます。

do you have? の部分を変えて使い回すこともできます。表現の
幅が一気に広がります。

例）**What kind of fashion do you like?**
（どんなファッションが好きですか？）
What kind of songs do you sing?
（どんな歌を歌うんですか？）

このパターンでこんなことが言えます！

What kind of colors **do you have**?
どんな色がありますか？

What kind of drinks **do you have**?
どんな種類の飲み物がありますか？

What kind of red wines **do you have**?
どんな種類の赤ワインがありますか？

What kind of rental cars **do you have**?
どんな種類のレンタカーがありますか？

What kind of credit cards **do you accept**?
どんなクレジットカードが使えますか？

What kind of food **do you like**?
どんな食べ物が好きですか？

What kind of car **do you drive**?
どんな車を運転していますか？

What kind of clothes **do you usually buy**?
普段どんな服を買いますか？

What kind of cooking **are you good at**?
どんな料理が得意ですか？

What kind of ~ do you have?

どんな（種類の）～がありますか？

☐ ① どんな種類のお茶がありますか？

☐ ② どんな種類のデザートがありますか？

☐ ③ どんな種類のチーズがありますか？

☐ ④ どんな種類の雑誌がありますか？

☐ ⑤ どんな種類のツアーがありますか？

☐ ⑥ どんな種類の割引がありますか？

☐ ⑦ どんな音楽が好きですか？

☐ ⑧ どんな映画が好きですか？

☐ ⑨ どんな本を読みますか？

☐ ⑩ どんなお店へ行きたいですか？

① **What kind of teas do you have?**

② **What kind of desserts do you have?**

③ **What kind of cheeses do you have?**

④ **What kind of magazines do you have?**

⑤ **What kind of tours do you have?**

⑥ **What kind of discounts do you have?**

⑦ **What kind of music do you like?**

⑧ **What kind of movies do you like?**

⑨ **What kind of books do you read?**

⑩ **What kind of shops do you want to go to?**

53

How much/many/far/often ~?

～はどのくらいですか？

基本フレーズ

How much is the extra charge?

追加料金はいくらかかりますか？

---

how は「程度」を表しますので、あとに **much**（値段・量）、**many**（数）、**far**（距離）などの形容詞もしくは副詞を続けて、いろいろと聞くことができます。旅行や日常会話での情報収集に便利です。また、**How often ~?** は、「どれぐらいのペースで～しますか？」という意味で、交通機関の本数やイベントの開催頻度などを尋ねるときに使えます。

プラスアルファ

どれぐらいの頻度か尋ねるときは How often? とひと言で聞くことができます。

例）**Could you please water my plants while I'm away?**
（留守中、植木に水をあげてくれる？）
How often?（どれぐらいのペースで？）

How much is this?
これはいくらですか？

How much is the repair cost?
修理にどれぐらいお金がかかりますか？

How much time will it take?
それにはどれぐらいの時間がかかりますか？

How many temples are there in this area?
この地域にはどれぐらいの寺院があるのですか？

How far is the castle from here?
お城へはここからどれぐらいの距離ですか？

How often do the buses come?
どれぐらいの頻度でバスは来ますか？

How often do you eat out?
どれぐらいの頻度で外食していますか？

How often do you go to the gym?
ジムへはどれぐらい通っているんですか？

How often do you go to the office?
会社へはどれくらいの頻度で出勤してますか？

How much/many/far/often ~?

~はどのくらいですか？

□ ① お金はいくらぐらいお持ちですか？

□ ② 今日はどれぐらいお時間ありますか？

□ ③ お子様は何人いらっしゃいますか？

□ ④ この美術館はどれぐらいの絵画を所蔵していますか？

□ ⑤ 月に何回ゴルフに行きますか？

□ ⑥ このバスはどこまで行きますか？

□ ⑦ ここからどれぐらい距離がありますか？

□ ⑧ テニスはどれぐらいのペースでやっているんですか？

□ ⑨ どれぐらいの頻度で海外旅行に行かれるのですか？

□ ⑩ ここでは雨はどれぐらいの頻度で降りますか？

① **How much** money do you have?

② **How much** time do you have today?

③ **How many** children do you have?

④ **How many** paintings does this museum have?

⑤ **How many** times do you go golfing in a month?

⑥ **How far** does this bus go?

⑦ **How far** is it from here?

⑧ **How often** do you play tennis?

⑨ **How often** do you travel abroad?

⑩ **How often** does it rain here?

How can I ~?

どうすれば~できますか?

基本フレーズ

How can I connect to the Internet?

どうすればインターネットに接続できますか?

何かの手段を知りたいときに使えるパターンです。ちなみに接客では、**How can I help you?** という言い回しをよく使います。「どうすればあなたを助けられるでしょう」が直訳ですが、接客場面では「いらっしゃいませ」「ご用件

パターントレーニング

☐ ① これはどうやって食べればいいんですか?

☐ ② この機械はどうやって使えばいいですか?

☐ ③ どうすれば予約ができますか?

☐ ④ 地元の地図はどうすれば手に入りますか?

☐ ⑤ 空港へはどうやって行ったらいいですか?

は？」という意味になります。

このパターンでこんなことが言えます！

How can I change my flight?
どうすればフライトを変更できますか？

How can I make an international call?
どうすれば国際電話をかけられますか？

How can I reach you?
あなたと連絡を取るにはどうすればいいですか？

How can I turn on the air conditioner?
エアコンはどうやってつければいいですか？

---

① **How can I** eat this?

② **How can I** use this machine?

③ **How can I** make reservations?

④ **How can I** get a local map?

⑤ **How can I** get to the airport?

54

I'm ~.

私は〜です

基本フレーズ

I'm from Kyoto, Japan.
日本の京都出身です。

自己紹介の場面では、**I'm ~** が基本パターンです。名前や
年齢、出身地や職業といった基本的なことから、**I'm a
big fan of Johnny Depp.**（ジョニー・デップが大好きです）
のような趣味・嗜好、プライベートなことまで、自分に関
するいろいろなことを伝えられます。

I＋[動詞] で「私は〜をしています」と、自分の職業の具体的な
内容を伝えることができます。また、I work for ~（〜に勤務し
ています）もよく使うパターンです。

例）I work for a publishing company.
　　（出版社に勤務しています）

I'm a system engineer.
SE です。

I'm a full-time housewife.
専業主婦です。

I'm thirty-something.
30 代です。

I'm a big fan of Lady Gaga.
レディー・ガガの大ファンです。

I'm into jazz music now.
今はジャズに夢中です。

I'm totally into BTS.
BTS にハマっています。

I'm totally confused by him.
彼には本当に混乱させられています。

I'm in the sales department.
営業部で働いています。

I work for a trading company.
商社で働いています。

I'm ~.

私は~です

□ ①学生です。

□ ②東京出身です。

□ ③人事部で働いています。
　　ヒント：人事部= personnel department

□ ④大の音楽好きです。

□ ⑤今はサッカーに夢中です。

□ ⑥アイルランド音楽に興味があります。

□ ⑦歌が得意です。

□ ⑧料理は苦手です。

□ ⑨商社で事務をしています。
　　ヒント：事務員= clerk

□ ⑩韓国系の企業で働いています。

① **I'm** a student.

② **I'm** from Tokyo.

③ **I'm** in the personnel department.

④ **I'm** a big fan of music.

⑤ **I'm** into soccer now.

⑥ **I'm** interested in Irish music.

⑦ **I'm** good at singing.

⑧ **I'm** not good at cooking.

⑨ **I'm** a clerk at a trading company.

⑩ **I work for** a Korean company.

55

I have ~.

（体の症状を伝えるときに）

基本フレーズ

I have a headache.
頭が痛いです。

体調が悪いときは、**I have** に症状を続けるだけでOK。
通常、体の痛みは、**headache**（頭痛）、**stomachache**（胃痛）のように、体の部分に **ache** をつけて表現します。**I have a pain in my ~.** と、～の部分に体の部位を入れるパターンもあります。ちなみに、「病気になった」と言うときは、**I fell ill.** や、**I got sick.** という言い方をします。

プラス
アルファ

痛みの度合いの表現も知っておくと、いざというときに的確に伝えることができますので、覚えておきましょう。**severe**（激しい）、**sharp**（鋭い）、**griping**（圧迫感のある）、**stinging**（刺すような）、**dull**（鈍い）、**uncomfortable**（ちょっと不快な）
例）**I have a dull pain in my back.**
（背中に鈍い痛みがあります）

このパターンでこんなことが言えます！

I have a muscle pain.
筋肉痛です。

I have a little stomachache.
少しお腹が痛いです。

I have a fever.
熱があります。

I have chills.
寒気がします。

I have jet lag still.
時差ボケです。

I have a hangover.
二日酔いです。

I have a stiff lower neck.
肩が凝っています。

I have a runny nose.
鼻水が出ます。

I have a runny nose and I'm coughing a lot.
鼻水が出て、咳がたくさんでています。

□ ① 首が痛いです。

□ ② 背中に痛みがあります。

□ ③ 膝が少し痛いです。

□ ④ 下痢です。
　　ヒント：下痢＝ diarrhea

□ ⑤ 微熱があります。
　　ヒント：微熱＝ slight fever

□ ⑥ 目の疲れを感じます。
　　ヒント：目の疲れ＝ eye strain

□ ⑦ 軽い花粉症です。
　　ヒント：花粉症＝ hay fever

□ ⑧ ひどい切り傷があります。
　　ヒント：切り傷＝ cut

□ ⑨ 血圧が低いです。
　　ヒント：血圧＝ blood pressure

□ ⑩ 咳が出ます。
　　ヒント：咳＝ cough

280

①**I have** a neck ache.

②**I have** a pain in my back.

③**I have** a little pain in my knees.

④**I have** diarrhea.

⑤**I have** a slight fever.

⑥**I have** eye strain.

⑦**I have** a little hay fever.

⑧**I have** a bad cut.

⑨**I have** low blood pressure.

⑩**I have** a cough.

56

It's + [形容詞].

（料理や景色の感想など）

基本フレーズ

It's good.
おいしいです。

It's ~ は、話し手と聞き手が同じものを見ている、もしくはある事柄について話し合っているなど、話の対象を共有しているときに「これは~だね」と自分の感想を述べるときに使うパターンです。料理の感想を述べるときもこのパターンで OK。「おいしいね」「小さいね」などと日本語では主語を省略して感想を述べるようなときに、英語では代わりに代名詞の **it** を使って表現します。**It's too ~** は批判的な表現のときに使います。

プラス
アルファ

料理に対して、あまり批判的なことをズバッと言いすぎると楽しい雰囲気が台無しになることも。そんなときに便利なのが、**Maybe it's a little too ~ for me.** という言い方。「私にはちょっと~かも」とやんわり自分の感想を伝えることができます。

このパターンでこんなことが言えます！

It's amazing!
すばらしい。

It's fantastic!
すごい！

It's too spicy.
辛すぎる。

It's too salty.
しょっぱすぎます。

It's not sweet enough.
甘みが足りません。

It's kind of **sour**.
少しすっぱいです。

It's still a little **raw**.
まだ完全に火が通っていません。

Maybe it's a little too sweet **for me**.
私にはちょっと甘すぎるかも。

Maybe it's too spicy **for kids**.
子供には辛すぎるかもしれません。

□ ① 美しい。

□ ② 信じられない！

□ ③ ジューシーです。

□ ④ 歯ごたえがいいです。
　　　ヒント：歯ごたえがいい= crunchy

□ ⑤ 本当においしいです。

□ ⑥ 濃すぎます。
　　　ヒント：濃い= thick

□ ⑦ 薄すぎます。

□ ⑧ ちょっと焼きすぎです。
　　　ヒント：焼きすぎ= overdone

□ ⑨ 噛むのが大変です。
　　　ヒント：噛む= chew

□ ⑩ 私にはちょっと辛すぎるかも。

① **It's beautiful.**

② **It's unbelievable!**

③ **It's juicy.**

④ **It's crunchy.**

⑤ **It's really good.**

⑥ **It's too thick.**

⑦ **It's too thin.**（スープの場合）
　It's too weak.（コーヒーや紅茶の場合）

⑧ **It's a little overdone.**

⑨ **It's difficult to chew.**

⑩ **Maybe it's a little too spicy for me.**

285

That sounds ~.

~そうですね

基本フレーズ

That sounds interesting.

おもしろそうですね。

That sounds ~ は、相手から聞いたことに対して感じたことや意見を述べるときのパターン。ネイティブはよく **that** を省略して **Sounds ~** と言います（よりカジュアルな印象）。また **sounds** のあとに **like** を入れると、「それ

パターントレーニング

☐ ①難しそうですね。

☐ ②高そうですね。

☐ ③少し危険そうですね。

☐ ④私はいいと思います。

☐ ⑤深刻な問題のようですね。

は～かもね」とソフトなニュアンスになります。

このパターンでこんなことが言えます！

That sounds fun.
楽しそうですね。

Sounds great!
それいいね！

That sounds really dangerous.
とても危険そうですね。

That sounds like a great idea.
すばらしい考えかもね。

---

① **That sounds** difficult.

② **That sounds** expensive.

③ **That sounds** a little dangerous.

④ **That sounds** good to me.

⑤ **That sounds** like a serious problem.

57

Thanks for ~.

～（してくれて）ありがとう

基本フレーズ

Thanks for calling.
お電話ありがとう。

Thanks for ~ で「～（してくれて）ありがとう」という
意味の、フレンドリーなお礼フレーズです。**Thank you.**
を連発するのではなく、時にはこのように具体的にお礼が
言えると好印象です。**for** のあとには名詞、もしくは **ing**
を使って、してくれた行為へのお礼を述べることができま
す。

同じお礼の表現に **I appreciate ~**（～〈してくれて〉ありがたい
です）というパターンがありますが、感謝の度合いが高く、より丁
寧にお礼を述べたいときに使います。特にビジネスでよく使われる
パターンです。

Thanks for your e-mail.
メールありがとう。

Thanks for waiting.
待っていてくれてありがとう。

Thanks for everything.
いろいろとありがとう。

Thanks for the ride.
乗せてくれてありがとう。

Thanks for showing me around.
私を案内してくれてありがとう。

Thanks for letting me know.
ご報告ありがとう。

I appreciate all your kindness.
ご親切とてもありがたいです。

I appreciate your time today.
今日はお時間を割いていただき、ありがとうございます。

I really appreciate your concern.
心配していただき、本当にありがとうございます。
＊ really を入れると「本当に～」と感謝の気持ちが強調されます。

Thanks for ~.

～（してくれて）ありがとう

□ ①お土産ありがとう。

□ ②お手伝いありがとう。

□ ③アドバイスありがとう。

□ ④来てくれてありがとう。

□ ⑤立ち寄ってくれてありがとう。
　　ヒント：立ち寄る＝ drop by

□ ⑥思い出させてくれてありがとう。

□ ⑦お気遣いありがとう。
　　ヒント：お気遣い＝ thoughtfulness

□ ⑧私たちにサンプルを送ってくれてありがとう。

□ ⑨感謝いたします。

□ ⑩助けていただき、どうもありがとうございます。

① **Thanks for** the souvenirs.

② **Thanks for** your help.

③ **Thanks for** your advice.

④ **Thanks for** coming.

⑤ **Thanks for** dropping by.

⑥ **Thanks for** reminding me.

⑦ **Thanks for** your thoughtfulness.

⑧ **Thanks for** sending us the samples.

⑨ **I appreciate** it.

⑩ **I appreciate** your help.

58

I hope ~.

～だといいです

基本フレーズ

I hope this is okay.
これで大丈夫だといいのですが。

I hope ~ で「～だといいです」と未来への期待を込めた
自分の願望を表します。同じ願望を表す **I want ~** よりも
さらに切実なニュアンスが含まれます。カジュアルな会話
では、主語を省略し、**Hope you feel better soon.**（早く
よくなるといいね）のように、**Hope** から始めても OK で
す。

注意!

たまに I hope＋[名詞] という間違った使い方を見かけますが、正
しくは、**I hope ＋主語＋動詞**、もしくは、**I hope to ＋ [動詞の
原形]** というパターンになります。
例) × I hope a promotion.
○ I hope I get a promotion.

このパターンでこんなことが言えます！

I hope you like this souvenir.
このお土産を気に入ってくれるといいんですが。

I hope you're not angry.
あなたが怒っていないといいのですが。

I hope so.
そう願います。

I hope it won't rain tomorrow.
明日雨が降らないといいですね。

I hope this helps.
これがお役に立てばうれしいです。

I hope I didn't wake you up.
起こしてしまったのならごめんなさい。

I hope to have your response soon.
早急にお返事をいただければ幸いです。

Hope you can take a vacation.
休みがとれるといいね。

Hope it's not too much trouble.
ご面倒にならないといいんだけど。

パターン トレーニング	**I hope ~.**
	～だといいです

□ ① 仕事が見つかるといいですね。

□ ② すぐに到着すればいいですね。

□ ③ 間に合えばいいのですが。

□ ④ うまくいくといいのですが。

□ ⑤ お話の邪魔はしたくないのですが。

□ ⑥ いろいろ順調にいくといいですね。

□ ⑦ これであなたの疑問が解消できるといいです。

□ ⑧ いつか俳優になりたい。

□ ⑨ 大問題じゃないといいんだけど。

□ ⑩ ヤンキースがワールドシリーズで優勝するといいね！

294

① **I hope** you get a job.

② **I hope** we arrive soon.

③ **I hope** we're not late.

④ **I hope** it goes well.

⑤ **I hope** I'm not interrupting.

⑥ **I hope** everything goes smoothly.

⑦ **I hope** this has cleared up your doubts.

⑧ **I hope** to become an actor someday.

⑨ **Hope** it's not serious.

⑩ **Hope** the Yankees win the World Series!

59

No wonder ~.

～するのも無理はない

基本フレーズ

No wonder he's upset.

彼が怒るのも無理はない。

---

wonder は「不思議なもの」「驚くべきもの」を表わしますので、**No wonder ~** で「～でも不思議ではない」、つまり「～しても仕方ない」「どうりで～なわけだ」という意味になります。ある結果に対して、そうなるべくしてなった、そうなるのも無理はない、という状況で使います。

プラスアルファ

No wonder. は、会話で相手の言ったことに対して、「なるほどね」「だからか」とつじつまが合ったときの返事としても使います。

例) **Bob and Becky got divorced.**
（ボブとベッキー離婚したって）
No wonder.
（なるほどね）

No wonder he quit.
彼が辞めたのも仕方ない。

No wonder he was so successful.
彼が成功したのは不思議ではない。

No wonder he decided to move.
彼が引っ越しを決めたのも無理はない。

No wonder it's crowded.
混むのも無理はない。

No wonder it's so expensive.
高いのも無理はない。

No wonder you're so tired.
そんなに疲れているのも無理はない。

No wonder you're so hungry.
お腹が減っているのも無理はない。

No wonder she looks happy.
どうりで彼女が幸せそうなわけだ。

No wonder she's so depressed.
どおりで彼女が落ち込むはずだわ。

No wonder ~.

～するのも無理はない

□ ① それがとても有名なのも不思議ではない。

□ ② バスが遅れたのも無理はない。

□ ③ ここが人気があるのも不思議ではない。

□ ④ そのプロジェクトが遅れたのも無理はない。

□ ⑤ 早く終われたのも不思議ではない。

□ ⑥ 我々に多くの問題があるのも無理はない。

□ ⑦ みんなが退屈したのも無理はない。

□ ⑧ 彼らが倒産したのも無理はない。
　　ヒント：倒産する＝ go out of business

□ ⑨ 彼らが締め切りまでに終わらなかったのも無理はない。

□ ⑩ どうりであなたがおとなしいわけだ。

① **No wonder** it's so famous.

② **No wonder** the bus was late.

③ **No wonder** this is a popular place.

④ **No wonder** the project was delayed.

⑤ **No wonder** we finished early.

⑥ **No wonder** we're having so many problems.

⑦ **No wonder** everyone got bored.

⑧ **No wonder** they went out of business.

⑨ **No wonder** they didn't finish before the deadline.

⑩ **No wonder** you're so quiet.

60

I want you to ~.

あなたに~してもらいたい

基本フレーズ

I want you to return by 1:00.

1時までに戻ってきてね。

I want you to ~ は「あなたに~してもらいたい」という
意味で、主に親しい人や同僚、部下に対して使う、やや強
めの命令表現です。目上の人などにもう少し丁寧に言いた
い場合は、**I'd like you to ~** が使えます。ただ、**I want
you to be happy.**（あなたには幸せでいてほしい）のよう
な、あなた自身のポジティブな願いを表す場合は、誰に使っ
ても大丈夫です。

**プラス
アルファ**

Do you want me to ~? は人助けのときに使えるフレーズです。
「私に~してほしいですか？」つまり「~しましょうか？」と救い
の手を差し伸べるときに使えるひと言です。
例）**Do you want me to drive?**
（私が運転しようか？）

I want you to rewrite this report.
この報告書を書き直してください。

I want you to send an invoice.
請求書を送ってください。

I want you to fax this.
これをファックスで送って。

I want you to do a good job.
がんばってね。

I want you to know one thing.
ひとつ知っておいてもらいたいことがある。

I want you to promise me.
私に約束して。

I want you to be careful.
もっと気をつけてほしいです。

I want you to apologize!
謝ってもらいます！

I want you to listen to me.
ちょっと話を聞いてほしいの。

I want you to ~.

あなたに~してもらいたい

□ ① この絵をぜひ見てもらいたい。

□ ② もっと一生懸命働いてほしい。

□ ③ ある人に会ってもらいたい。

□ ④ このプレゼントをもらってほしい。

□ ⑤ これを考え直してもらいたい。
　　ヒント：~を考え直す= think ~ over

□ ⑥ がんばってもらいたい。

□ ⑦ もっと努力してもらわないと困る。

□ ⑧ 私がどれほどうれしいか知ってもらいたい。

□ ⑨ パニックを起こさないでもらいたい。
　　ヒント：パニックを起こす= panic

□ ⑩ あなたにケガをしてほしくない。

① **I want you to** see this painting.

② **I want you to** work harder.

③ **I want you to** meet somebody.

④ **I want you to** have this gift.

⑤ **I want you to** think this over.

⑥ **I want you to** do your best.

⑦ **I want you to** try harder.

⑧ **I want you to** know how excited I am.

⑨ **I don't want you to** panic.

⑩ **I don't want you to** get hurt.

61

I feel like ~ing

～したい気分

┌─ **基本フレーズ** ─────────────

I feel like tak**ing** a nap.

昼寝したい気分です。

└─────────────────────────

I feel like ~ing で「〜したいなぁ」「〜って気分だな」と、思いつきで自分がしたいことなどを述べるときに使います。「何が何でも！」というよりも、「どちらかというと」という軽いニュアンスです。何が食べたいかリクエストを聞かれて、ちょっと遠慮がちに希望を伝えるときなどに便利な言い方です。

プラスアルファ

ing なしで **I feel like ~** だと、そのあとに食べ物を続け、「〜が食べたい（飲みたい）気分」という意味になります。**I feel like beer!** で「ビールを飲みたい気分！」となります。

> ## このパターンでこんなことが言えます！

I feel like cry**ing**.
泣きたい気分だよ。

I feel like Chinese.
中華料理を食べたい気分。

I feel like go**ing** for a drive.
ドライブに行きたい気分。

I feel like go**ing** out to eat tonight.
今夜は外に食べに行きたい気分。

I feel like sleep**ing** in this morning.
今朝はゆっくり寝たい気分だな。

I feel like read**ing** a book.
本を読みたい気分。

I feel like play**ing** cards.
トランプをしたい気分。

I feel like a nice long bath.
ゆったりお風呂につかりたい気分。

I feel like cry**ing**.
泣きたい気分だ。

I feel like ~ing

~したい気分

□ ① 映画を観たいな。

□ ② リラックスしたい気分。

□ ③ 今夜は家にいたい気分。

□ ④ ビールを飲みたい気分。

□ ⑤ 彼の鼻を殴りたい気分。

□ ⑥ ビーチで一日過ごしたい気分。

□ ⑦ スパイ小説を読みたい気分。

□ ⑧ 公園に散歩しに行きたい気分。

□ ⑨ 今はこのプロジェクトに専念したい気分。

□ ⑩ カレーみたいな辛いものが食べたい気分。

① **I feel like** a movie.

② **I feel like** relaxing.

③ **I feel like** staying home tonight.

④ **I feel like** having a beer.

⑤ **I feel like** punching him in the nose.

⑥ **I feel like** spending the day at the beach.

⑦ **I feel like** reading a spy novel.

⑧ **I feel like** going for a walk in the park.

⑨ **I feel like** concentrating on this project now.

⑩ **I feel like** something spicy like curry.

I don't feel like ~ing

～する気分ではない

I don't feel like drink**ing** tonight.
今夜は飲む気分じゃないんだ。

乗り気ではないことを伝えるときにぴったりなのが、I
don't feel like ~ing というパターン。「～する気分ではな
いんだ」というニュアンスで、いまいち気分が乗らない、
というときに使えます。

パターントレーニング

☐ ①外食って気分じゃないな。

☐ ②映画を観るって気分じゃないな。

☐ ③ライブって気分じゃないな。

☐ ④歩く気分じゃないなぁ～。

☐ ⑤カラオケで歌う気分じゃないんだ。

このパターンでこんなことが言えます！

I don't feel like cooking tonight.
今晩は料理したくないな。

I don't feel like seeing anybody today.
今日は誰にも会いたくないな。

I don't feel like going to the party.
パーティーという気分じゃないんだ。

I don't feel like it.
そんな気分じゃないんだ。

---

① **I don't feel like** eating out.

② **I don't feel like** watching movies.

③ **I don't feel like** a concert.

④ **I don't feel like** walking.

⑤ **I don't feel like** karaoke.

62

I can't wait to ~.

～するのが待ちきれない

基本フレーズ

I can't wait to ski.

スキーをするのが待ちきれない。

I can't wait to ~ で「～するのが待ちきれない」「～が待ち遠しい」と、これからやってくるイベントや予定などをワクワクと心待ちにしている気持ちを表します。to のあとには動詞の原形がきます。

I can't wait. は、「もうすぐ～だね」などと楽しみな予定を言われたとき、「待ちきれない！」という意味の返事としても使えます。

例) **You're off to Italy next week, right?**
（来週からイタリア旅行でしたよね？）
I can't wait!
（待ちきれない！）

I can't wait to see the new Brad Pitt movie.
ブラピの新作映画が待ちきれない。

I can't wait to go swimming this summer.
この夏、泳ぎに行くのが待ちきれない。

I can't wait to meet you.
あなたに会うのが待ちきれない。

I can't wait to go cherry blossom viewing.
お花見に行くのが待ち遠しい。

I can't wait to see the pictures we took.
撮った写真を早く見たい。

I can't wait to see the finished product.
完成品を見るのが待ち遠しい。

I can't wait to hear your ideas.
あなたのアイデアを聞くのが待ちきれない。

I can't wait to get home.
家に帰るのが待ち遠しい。

I can't wait to see your bride-to-be!
あなたの花嫁姿を見るのが待ちきれない。

I can't wait to ~.

～するのが待ちきれない

□ ① サッカーをするのが待ちきれない。

□ ② 彼女の新刊本を読むのが待ち遠しい。

□ ③ 今年、キャンプに行くのが待ちきれない。

□ ④ その料理を食べるのが待ちきれない。

□ ⑤ 新しい車を運転するのが待ちきれない。

□ ⑥ あなたの旅行写真を見るのが待ちきれない。

□ ⑦ 産まれたばかりのあなたの赤ちゃんを見るのが待ち遠しい。

□ ⑧ あなたの背がどのくらい伸びたのか見るのが待ち遠しい。

□ ⑨ 週末にくつろぐのが待ち遠しい。

□ ⑩ このプロジェクトについてのあなたの考えを聞くのが待ち遠しい。

① **I can't wait to** play soccer.

② **I can't wait to** read her new book.

③ **I can't wait to** go camping this year.

④ **I can't wait to** taste the food.

⑤ **I can't wait to** drive my new car.

⑥ **I can't wait to** see the photos from your trip.

⑦ **I can't wait to** see your new baby.

⑧ **I can't wait to** see how tall you've gotten.

⑨ **I can't wait to** relax on the weekend.

⑩ **I can't wait to** hear your thoughts on this project.

I can't wait for ~.

～が楽しみ

基本フレーズ

I can't wait for the weekend.
週末が楽しみ。

I can't wait for ~ で「～が楽しみ」と、これから予定している行事などを楽しみに待っていることを表します。for のあとには名詞が続きます。

パタートレーニング

□ ① クリスマスが待ち遠しい！

□ ② 金曜日のパーティーが楽しみです。

□ ③ そのドラマの最終回が待ちきれません。

□ ④ 新しいビデオゲームが出るのが待ち遠しい。

□ ⑤ 学校が終わるのが待ちきれない。

〈　このパターンでこんなことが言えます！　〉

I can't wait for the next Tim Burton film.
ティム・バートンの次回作が楽しみ！

I can't wait for summer!
夏が待ちきれない！

I can't wait for the sequel to that movie.
その映画の続編が楽しみだ。

I can't wait for better weather.
早くいい天気にならないかな。

---

① **I can't wait for** Christmas.

② **I can't wait for** the party on Friday.

③ **I can't wait for** the last episode of the drama.

④ **I can't wait for** the new video game to come out.

⑤ **I can't wait for** school to end.

63

I'll take care of ~.

~は私が対応(担当)します／~は任せて

基本フレーズ

I'll take care of finding a hotel.

ホテルを探すのはお任せください。

---

take care of は「対応する、対処する」「世話をする」という意味ですので、**I'll take care of ~** で「~は私が対応します」という意味になります。また、「任せて」という意味もあり、**I'll take care of it.** で「私にどんと任せて」とやや自信があるときに使います。何かやろうとしている人に対して使うと、「私がやるからそのままにしておいて」という意味になります。

プラス
アルファ

> **Take care.** は、気軽に言うと、「じゃあね!」と人と別れるときに使うカジュアルなひと言に。風邪を引いている人に対して心配そうに言うと、「お大事にね」という意味で使えます。

I'll take care of reservations.
予約は任せて。

I'll take care of her.
彼女のことは任せて。

I'll take care of the paperwork.
書類仕事は私に任せて。

I'll take care of the negotiations.
交渉は私に任せて。

I'll take care of training him.
彼の教育は私が担当します。

I'll take care of ordering for you.
あなたの注文は私がしておきます。

I'll take care of the lunch check.
ランチの支払いは私が。

I'll take care of the details.
詳細については私が対応します。

I'll take care of the rest of these.
残りは私がやります。

I'll take care of ~.

~は私が対応（担当）します／~は任せて

□ ① 掃除は私に任せて。

□ ② この問題は私に任せて。

□ ③ その旅行の計画は私に任せて。

□ ④ 全部を私に任せて。

□ ⑤ 会議室の手配は私が対応します。

□ ⑥ お客様には私が対応します。

□ ⑦ 保険は私が対応します。

□ ⑧ ウォルターズさんへは私が電話しておきます。

□ ⑨ スケジュールの調整は私がやります。

□ ⑩ この散らかった部屋は私がなんとかします。

① **I'll take care of** the cleaning.

② **I'll take care of** this problem.

③ **I'll take care of** organizing the trip.

④ **I'll take care of** everything.

⑤ **I'll take care of** arranging a meeting room.

⑥ **I'll take care of** the customers.

⑦ **I'll take care of** the insurance.

⑧ **I'll take care of** calling Ms. Walters.

⑨ **I'll take care of** adjusting the schedule.

⑩ **I'll take care of** this mess.

64

You look ~.

あなたは～のようですね

基本フレーズ

You look tired.
疲れているみたいだね。

コミュニケーションにおいて欠かせないのが、会ったとき
の相手を気遣うひと言です。**You look ＋［形容詞］** もしく
は **You look like ＋［名詞／文］** で、「～みたいだね」とい
う意味になります。これで、相手の見た目の様子を表すと
ともに、相手を気遣うひと言が簡単に言えます。

注意!

「お疲れですね」と気遣う意味で、ネイティブの女性に **You look
tired.** と言うと、「ヒドイ顔しているよ」という誤った意味で伝わっ
てしまうこともあります。気心の知れた人であれば別ですが、あま
り親しくない人には言わないほうが無難です。

You look hungry.
お腹が空いているみたいですね。

You look like you need sleep.
眠そうですね。

You look like you have jet lag.
時差ボケしているようですね。

You look great in that suit.
スーツ姿かっこいいね。　　*great/good in ~　　~が似合う

You look like you're in pain.
痛そうだね。

You look familiar.
どこかでお見かけしたような気がします。

You look like everything went well.
いろいろうまくいったようですね。

You look like you had a bad day.
ついてない1日だったみたいですね。

You look like a million dollars!
あなたはとってもすてきに見えますよ！
*直訳は「100万ドルに見える」ですが、とても素敵であると褒める時の慣用
　表現です。

You look ~.

あなたは～のようですね

□ ① うれしそうですね。

□ ② とても疲れているように見えます。

□ ③ 緑が似合うね。

□ ④ とてもお忙しそうですね。

□ ⑤ 少し元気がないですね。

□ ⑥ がっかりしているようですね。

□ ⑦ 手伝いが要るみたいだね。

□ ⑧ 元彼に似ています。
　　ヒント：元彼＝ ex-boyfriend

□ ⑨ 賛成していないようですね。

□ ⑩ ツアーを楽しんだようですね。

① **You look** excited.

② **You look** exhausted.

③ **You look** good in green.

④ **You look** really busy.

⑤ **You look** a little down.

⑥ **You look like** you're disappointed.

⑦ **You look like** you need help.

⑧ **You look like** my ex-boyfriend.

⑨ **You look like** you don't agree.

⑩ **You look like** you enjoyed the tour.

65

You should ~.

〜したらいいですよ

基本フレーズ

You should take a break.

休んだほうがいいですよ。

You should ~ は「〜したほうがいいですよ」といったニュアンスで、一般的なアドバイスとして使われ、相手のためを思って提案するときに言う場合が多いです。提案の表現として **You had better ~** を使う人がいますが、こちらは「〜すべき」（さもないと……）と何か罰が待っているような言い方になるので要注意です。

プラス
アルファ

I should ~ には、実は「しなくちゃいけないけど、おそらくしない」というニュアンスが含まれています。**I should go to the dentist.** と言ったら「歯医者に行かなくちゃなぁ」という意味ですが、実際は行かない確率が高いのです。

このパターンでこんなことが言えます！

You should go to Chinatown.
チャイナタウンに行くといいですよ。

You should buy two.
2つ買うといいですよ。

You should reply soon.
すぐに返事をしたほうがいいですよ。

You should ask Ms. Parker about that.
それに関してはパーカーさんに聞くといいですよ。

You should put that in the report.
それはレポートに書いたほうがいいですよ。

You should be more organized.
もっと整理整頓をしたほうがいいですよ。

You should lose some weight.
痩せたほうがいいですよ。

You shouldn't be so uptight.
緊張しなくていいですよ。

You shouldn't work too hard.
働きすぎちゃだめだよ。

□ ① それを試すといいですよ。

□ ② ポールも招待するといいですよ。

□ ③ もっと大きいフォントを使うといいですよ。

□ ④ セーターかジャケットを着たほうがいいですよ。

□ ⑤ そのことを謝ったほうがいいですよ。

□ ⑥ あなたのスキルを向上させたほうがいいですよ。

□ ⑦ 定年後の生活のために貯金を始めたほうがいいですよ。

□ ⑧ 後援者を見つけることを優先したほうがいいですよ。
　　ヒント：後援者＝ backer

□ ⑨ 彼を完全に信用しないほうがいいですよ。

□ ⑩ 堅苦しくしなくてもいいですよ。

① **You should** try it.

② **You should** invite Paul, too.

③ **You should** use a bigger font.

④ **You should** wear a sweater or a jacket.

⑤ **You should** apologize for that.

⑥ **You should** upgrade your skills.

⑦ **You should** start saving for your retirement.

⑧ **You should** put priority on finding a backer.

⑨ **You shouldn't** fully trust him.

⑩ **You shouldn't** be so formal.

Maybe you should ~.

～したほうがいいかもね

基本フレーズ

Maybe you should make reservations.
予約したほうがいいかもしれませんよ。

Maybe you should ~ は、「～したほうがいいかもよ」と
さりげなく提案するときに便利なパターン。**You should**
が「そうしたほうがいいにちがいない！」とお勧め度が高
いのに対し、こちらは「したらいいんじゃない？」という

パタートレーニング

□ ① 座ったほうがいいかもしれませんよ。

□ ② ドアの近くに立っていたほうがいいかもしれません。

□ ③ メールをすぐにチェックしたほうがいいかもよ。

□ ④ ここで降りて歩いたほうがいいかもしれません。

□ ⑤ ちょっとおしょうゆをつけたほうがいいかも。

軽いニュアンスです。

このパターンでこんなことが言えます!

Maybe you should apologize.
謝ったほうがいいかもよ。

Maybe you should take an umbrella.
傘を持っていったほうがいいかも。

Maybe you should tell him everything.
彼に全部話したほうがいいかもしれないよ。

Maybe you should go to the hospital.
病院に行ったほうがいいかもしれません。

---

① **Maybe you should** sit down.

② **Maybe you should** stand by the door.

③ **Maybe you should** check your e-mail now.

④ **Maybe you should** get off here and walk.

⑤ **Maybe you should** put just a little soy sauce on it.

What do you say to ~?

～はどうでしょうか？

基本フレーズ

What do you say to a movie?
映画なんてどう？

What do you say to ~? は、直訳では「あなたは～に対して何と言いますか？」ですが、「～なんてどう？」というニュアンスで相手を誘うなど、何かを提案するときに使われるパターンです。ここでの **to** は不定詞用法ではないので、**to** のあとには名詞もしくは代名詞がきます。

相手の意向などを確認するときは、**What do you say?** だけでOK。**What do you think?** と同意の表現です。

例) **I'd like to go to an Italian restaurant tonight.**
What do you say?
（今夜はイタリア料理のレストランに行きたいのですが、どうでしょうか？）

What do you say to dessert?
デザートはどうでしょうか？

What do you say to visiting the castle?
お城に行くのはどうでしょうか？

What do you say to taking the train?
電車を使うのはどうでしょうか？

What do you say to changing trains here?
ここで乗り換えるのはどうでしょうか？

What do you say to meeting on Friday?
金曜日に会うのはどうでしょうか？

What do you say to coming to my place?
家に来るのはどう？

What do you say to getting something to eat?
何か食べるのはどう？

What do you say to another cup of coffee?
コーヒーをもう一杯どうでしょうか？

What do you say to leave this project to Tim.
この仕事をティムに任せたらどうでしょう。

□ ① アップルパイはどうでしょうか？

□ ② 来週末バーベキューはどうでしょうか？

□ ③ 発売記念パーティーはどうでしょうか？
　　ヒント：発売記念パーティー= launch party

□ ④ アイスクリームを食べるのはどう？

□ ⑤ テラスで晩御飯を食べるのはどう？

□ ⑥ 金曜日に発つのはどうでしょうか？

□ ⑦ 今日は外でランチはどうでしょうか？

□ ⑧ 映画のあとに食事するのはどうでしょうか？

□ ⑨ 次の会議の日を変更するのはどうでしょうか？

□ ⑩ このプロジェクトに一緒に取り組むのはどうでしょうか？

① **What do you say to** apple pie?

② **What do you say to** a barbeque next weekend?

③ **What do you say to** a launch party?

④ **What do you say to** getting some ice cream?

⑤ **What do you say to** having dinner on the terrace?

⑥ **What do you say to** leaving on Friday?

⑦ **What do you say to** going out for lunch today?

⑧ **What do you say to** eating after the movie?

⑨ **What do you say to** changing the day of the next meeting?

⑩ **What do you say to** working together on this project?

67

I'm about to ~.

まさに今～しようとしていたところ

基本フレーズ

I'm about to start the meeting.
まさにミーティングを始めようとしたところです。

I'm about to ~ は「まさに今～しようとしていたところ」
という意味です。出がけに電話などがかかってきて、「今
ちょうど出るところです」と言うときに **I'm about to**
leave. などと使います。時間の感覚的には2～3分以内と
いうイメージです。ちなみに、**I'm not about to ~** は、「絶
対に～しない」と断言するときに使います。

プラス
アルファ

You're about to kill someone.（今にも人を殺しそうな顔して
いるよ）のように、ジョークで「今にも～しそうな顔してるよ」と
いう意味で使うこともあります。

このパターンでこんなことが言えます！

I'm about to call.
ちょうど今、電話しようと思っていたところなの。

I'm about to send him an e-mail.
まさに彼にメールを送ろうとしていたところです。

I'm about to leave my hotel.
まさに今ホテルを出るところです。

I'm about to meet a client.
まさに今クライアントに会うところです。

I'm about to start cooking dinner.
まさに夕食を作り始めるところです。

I'm about to fall asleep.
まさに眠りにつこうとしていたところです。

I'm not about to buy that.
おれは絶対に買わない。

I'm about to take a train.
ちょうど電車に乗るところです。

We're about to launch a new product.
新しい商品を発売するところです。

□ ① まさに出かけようとしていたところです。

□ ② まさに歩き始めようとしていたところです。

□ ③ まさに店に行こうとしていたところです。

□ ④ まさに仕事に行こうとしていたところです。

□ ⑤ まさにゴミを出そうとしていたところです。

□ ⑥ まさに洗濯機を回そうとしていたところです。

□ ⑦ 私の最終レポートをまさに提出しようとしていたところです。

□ ⑧ 今あなたを迎えに行こうとしていたところなの。

□ ⑨ 応募者の面接を始めようとしていたところです。
　　 ヒント：応募者 = applicant

□ ⑩ 彼とは絶対に結婚しません。

① **I'm about to** go out.

② **I'm about to** start walking.

③ **I'm about to** go to the store.

④ **I'm about to** leave for work.

⑤ **I'm about to** take out the trash.

⑥ **I'm about to** start the washing machine.

⑦ **I'm about to** send in my final report.

⑧ **I'm about to** pick you up.

⑨ **We're about to** start interviewing applicants.

⑩ **I'm not about to** marry him.

68

~(比較級) than I expected.

思ったより~だ

基本フレーズ

This was hard**er than I expected**.

思ったよりも大変でした。

---

expect は「予期する」「予想する」という意味。**[比較級]
＋ than I expected** で、ある出来事やものが自分の予想を
上回っていたときなどに、「思ったよりも~だ」「予想以上
に~だ」という意味で使います。また、**not take as... as
I expected** で「思ったよりも…かからなかった」ことを
表すので、あわせて覚えておきましょう。

[比較級]＋ than I thought. も同じく、「思ったより~だ」と意
外な事柄を述べるときに使えます。

例）It was **more** crowded **than I thought**.
（思ったより混んでいた）

このパターンでこんなことが言えます！

It was **more** expensive **than I expected**.
思ったより高かった。

It's **more** helpful **than I expected**.
予想以上に役に立ちます。

It's furth**er than I expected**.
想像以上に遠いです。

This is taking long**er than I expected**.
思ったより時間がかかっている。

I'm **more** tired **than I expected**.
予想以上に疲れています。

The weather is warm**er than I expected**.
想像以上に暖かいです。

The trip didn't take as long as **I expected.**
旅行は思ったほど長くかからなかった。

Josh is nic**er than I thought**.
ジョシュは思ったよりもいい人だった。

The movie was much **better than I thought**.
映画は思っていたよりずっとよかった。

□ ① 予想以上に難しいです。

□ ② 想像以上に楽しいです。

□ ③ 想像以上に忙しいです。

□ ④ この自転車は期待以上です。

□ ⑤ 東京は想像以上に大きいです。

□ ⑥ その映画は想像以上に長かったです。

□ ⑦ スペインへの旅行は、思っていた以上に長かった。

□ ⑧ 予想以上に店が多くあります。

□ ⑨ 思った以上に費用がかさんでいます。

□ ⑩ 思ったほど時間がかからなかった。

① It's **more** difficult **than I expected.**

② It's **more** fun **than I expected.**

③ I'm busi**er than I expected.**

④ This bicycle is nic**er than I expected.**

⑤ Tokyo is bigg**er than I expected.**

⑥ The movie was long**er than I expected.**

⑦ The trip to Spain was long**er than I expected.**

⑧ There are **more** stores **than I expected.**

⑨ Our expenses were **more than I thought.**

⑩ It didn't take **as** much time as **I expected.**

附 録

インバウンドへの
急な接客対応に使える！
55のフレーズ

＊Part1・2・3で紹介したパターンを使って
いるフレーズには、その下に該当パターンのナ
ンバーを付記しました。振り返って、学び直し
に活用してください。

お客様に的確に対応する

1 お困りですか？（「いらっしゃいませ」の意もある）

May I help you?

⇒Part1 の④の関連パターン参照。

2 もう一度、いいですか？

Could you say that again for me?

⇒Part1 の⑤のパターン参照。

3 簡単な英語でお願いします。

Please speak in simple English.

4 ご予約はありますか？

Do you have a reservation?

⇒Part1 の②の関連パターン参照。

5 お名前をいただけますか？

May I ask your name please?

⇒Part1 の④の関連パターン参照。

6 ここに書いてください。

Could you write it down here?

⇒Part1 の⑤のパターン参照。

343

7 ちょっと見てみますね。

I'll check that for you.
⇒Part2の㉙のパターン参照。

8 すぐに参ります。

I'll be right with you.
⇒Part2の㉙のパターン参照。

9 喜んで！

It's my pleasure.

10 お任せください。

Leave it to me.

11 それでよろしいですか？

Is it OK with you?

12 左のエレベーターをお使いください。

Please take the elevator on the left.

13 3階へはエレベーターをご利用ください。

Please take the elevator to the third floor.

14 ごめんなさい、言われていることがわかりません。

I'm sorry, I don't understand what you're saying.

15 問題ありませんよ、気にしないでください。

Not a problem. Don't worry about it.

お客様とさらに親しくなる

---

16 なんとお呼びすればいいですか？

What should I call you?

17 ゆっくりみて回ってくださいね。

Take your time and have a look around.

18 私にできることがあればお知らせください。

Let me know if there is anything I can do for you.
⇒Part1 の18のパターン参照。

19 どちらから？

Where are you from?

20 観光で来られたのですか？

Are you here for sightseeing?

21 日本は初めてですか？

Is this your first time in Japan?

22 日本は何度目ですか？

How many times have you come to Japan?
⇒Part3の53のパターン参照。

23 日本はどうですか？

How do you like Japan?

24 もしよろしければ、連絡先をいただけますか？

Do you mind if I ask for your contact number?
⇒Part1の6のパターン参照。

25 どこか行きたい場所はありますか？

Is there somewhere you want to go?

気配り上手、接客上手になる

---

26 カバンを持ちましょうか？

May I take your bag?
⇒Part1の4の関連パターン参照。

27 お飲み物はいかがですか？

Would you like something to drink?
⇒Part1の14の関連パターン参照。

28 こちらはいかがでしょうか？

How about this one?
⇒Part1 の16の関連パターン参照。

29 いかがですか？（食べ物などの感想を聞くときに）

How do you like it?

30 どれがみたいですか？

Which one would you like to see?

31 予算はどれくらいですか？

What price range did you have in mind?

32 支払いの必要はありませんよ。

You don't have to pay for it. It's free.

33 外苑通りはこの季節は綺麗だと思いますよ。

I think Gaien-dori is really beautiful this season.
⇒Part1 の8のパターン参照。

34 お食事、楽しめていますか？

Are you enjoying your meal?

35 そちらまでお連れしましょうか？

Would you like me to take you there?
⇒Part1 の14の関連パターン参照。

36 青い看板がお店の外に出ています。

There's a blue sign in front of the restaurant.

行動を共にする

---

37 くつろいでくださいね。（家に招いたとき）

Please make yourself at home.

38 今日は何かご予定は？

Do you have any plans today?
⇒Part1の②のパターン参照。

39 何時がご都合いいですか？

What time would be convenient for you?

40 どんなものが食べたいですか？

What kind of food would you like to eat?
⇒Part1の⑭のパターン参照。

41 日本食のお店にいくのはどうでしょうか？

Why don't you go to a Japanese restaurant?
⇒Part1の⑮のパターン参照。

42 案内しますよ。

I'll show you around.
⇒Part2 の29のパターン参照。

43 あのカフェで休憩しましょう。

Let's take a break in that cafe.
⇒Part1 の17のパターン参照。

44 お先にどうぞ。

After you.

45 おかけになってお待ちください。

Please have a seat while you wait.

46 できることがあればなんでもおっしゃってください。

If there's anything I can do for you, let me know.

観光などのアシストをする

47 ホテルには何時に戻りたいですか？

What time would you like to go back to the hotel?
⇒Part1 の14のパターン参照。

48 はぐれたら、ここで待ち合わせましょう。

Let's meet here if we get separated.
⇒Part1 の 17 のパターン参照。

49 この建物は、江戸時代に建てられました。

This building was built in the Edo Period.

50 これは必見のお城です。

This is a must-see temple.

51 ここでは写真撮影は禁止のようですね。

I don't think taking pictures is allowed here.
⇒Part1 の 8 のパターン参照。

52 この建物内の展示物を撮影することは禁じられています。

I'm afraid you can't take photos of the displays in this building.
⇒Part1 の 11 のパターン参照。

53 夕食にお好み焼きがおすすめですよ。

I recommend okonomiyaki for dinner.

54 日本での滞在を楽しんでください。

I hope you have a nice stay in Japan.
⇒Part3 の 58 のパターン参照。

55 良い1日を！

Have a nice day.

〈著者略歴〉

デイビッド・セイン（David Thayne）

米国出身。カリフォルニア州アズサパシフィック大学で社会学修士号取得。豊富な講師経験を活かし、数多くの英語学習書を執筆。日本来歴30年を超え、日本人にあった学習法を提案し、多くの生徒から支持を集める。英語学習コンテンツを制作を行う、A to Z English（エートゥーゼット・イングリッシュ）を主宰し、英語学習アプリや、英語学習サービスへのコンテンツ制作協力も精力的に取り組んでいる。近刊に、『58パターンで1200フレーズペラペラ英会話』（主婦の友社）、『英文ビジネスEメール大全』（ジャパンタイムズ出版）などがある。

A to Z Englishのウェブサイト:
https://www.smartenglish.co.jp/

編集協力　小松アテナ
装丁　一瀬錠二（Art of NOISE）

超速で覚える！いますぐ使える！

［決定版］英会話「1日1パターン」レッスン

2023年1月27日　第1版第1刷発行

著　　者　デイビッド・セイン
発 行 者　永田貴之
発 行 所　株式会社PHP研究所
東京本部　〒135-8137 江東区豊洲5-6-52
　　　ビジネス・教養出版部 ☎ 03-3520-9615（編集）
　　　　　　普及部 ☎ 03-3520-9630（販売）
京都本部　〒601-8411 京都市南区西九条北ノ内町11

PHP INTERFACE　https://www.php.co.jp/

組　　版　有限会社エヴリ・シンク
印 刷 所
製 本 所　図書印刷株式会社